Joseph von Sonnenfels

Von der Theurung in großen Städten

Joseph von Sonnenfels

Von der Theurung in großen Städten

ISBN/EAN: 9783742894489

Hergestellt in Europa, USA, Kanada, Australien, Japan

Cover: Foto ©Thomas Meinert / pixelio.de

Manufactured and distributed by brebook publishing software
(www.brebook.com)

Joseph von Sonnenfels

Von der Theurung in großen Städten

Joseph von Sonnenfels,

k. k. wirkl. Regierungsrath, öffentl. Lehrer der Polizey, Handlung = und Finanzwissenschaft, beständiger Sekretär der k. k. Zeichnung = und Kupferstecherakademie.

von der

Theurung

in großen Städten,

und dem

Mittel,

derselben abzuhelfen:

Invenimus, quia paulatim provinciæ quidem suis habitatoribus spoliantur, magna vero hæc civitas nostra populosa est, turbis diversorum hominum.

Aut. Coll. VI. T. IX.

WIEN,

gedruckt und zu finden bey Joseph Kurzböck, N. Oest. Landschafts = und Universitäts = Buchdrucker auf dem Hofe.

1770.

Nebst angehängten Lehrsätzen
aus der
sämmtlichen Polizey
welche
der
Hohen königlichen hungarischen

Hofkanzley

zuzueignen,
und
in dem großen akademischen Hörsaale
am   März, von 4 bis 6 Uhr Nach-
mittags zu vertheidigen, die Ehre haben
wird

Adam Johann Bedekowich
Edler von Kumur
Landmann in dem Königreiche Croatien.

Excellenzen,
Gnädige und hochgebietende
Herren!

Die Erstlinge meiner Anwendung auf diejenigen Wissenschaften, durch deren Einführung **Theresia** ihr getreues Hungarn, nach unzählbaren

ren

ren andern Wohlthaten auf das
Neue verpflichtet, sind weniger
das freywillige Opfer meiner Pri-
vatehrerbietigkeit, als der schuldige Zins des allgemeinen Dan-
kes für die Unterstützung, wodurch Eure Excellenzen und Gnaden diese Wissenschaften im An-
gesichte des ganzen Königreichs un-
terscheiden.

Die

Die Blicke der Nation sind ohne Zweifel vorzüglich nach denjenigen gekehret, welche das Zutrauen der **Monarchinn** dem Heiligthume der Rathschlüsse nähert, und sie zugleich zu Werkzeugen wählet, ihre staatbeglückenden Entschlüssungen auszuführen: die Folgsamkeit der Bürger mißt sich nach den Graden der Antheil-

neh-

nehmung ab, die sie an Män=
nern wahrnehmen, von denen sie
das gerechte Vorurtheil haben,
sie seyn einsehend genug, den
nutzbaren Einfluß jeder Sache
nicht zu verkennen, sie seyn zu=
zugleich rechtschaffen genug, al=
les, was zum öffentlichen Wohl
beyzutragen vermögend ist, selbst
mit Schlachtung ihrer Privatab=
sicht

ſicht, auf das wirkſamſte zu unter⸗
ſtützen.

Aus dieſem Grunde darf man
den politiſchen Kenntniſſen, in
dem geſegneten Pannonien den
ſchnellſten Fortgang, und bald
eine allgemeine Verbreitung vor⸗
herſagen.

Wann dann der heranwachſende
Jüngling vor dem Lehrſtuhle die

theo⸗

theoretischen Grundſätze einge=
ſaugt haben wird, dann wird er
nach den erlauchten Männern ſe=
hen, welche das tiefſte Kenntniß
dieſer Grundſätze mit geläuterter
Erfahrung vereinbaren, und da
ſie dem Staate in ihren angewie=
ſenen Standorte die wichtigſten
Dienſte leiſten, dem Vaterlande

zugleich durch ihre Beyspiele ge=
schickte Patrioten bilden.

Unter der Zahl derjenigen,
welche es sich zum Geseße machen
werden, nach diesen erhabenen
Beyspielen zu wandeln, soll, wo=
ferne auch meine Fähigkeit meiner
Anwendung nicht eben so glücklich

zu=

zufagte, wenigftens unermübeter
Eifer und tieffte, lebenslängliche
Verehrung unterfcheiden

Eurer Excellenzen

und

Gnaden

unterthänigften

Bedekowich.

LX. Säße

aus der

sämmtlichen

Polizeywissenschaft.

1.

Die allgemeine Wohlfahrt des Staates, die Sicherheit und Bequemlichkeit wird durch die Vergrößerung der bürgerlichen Gesellschaften erhalten. Wir nehmen daher die Beförderung der Bevölkerung zum allgemeinen Hauptgrundsatze der Staatswissenschaft an.

2. Die Wissenschaft, die allgemeine Wohlfahrt eines Staates handzuhaben, heißt die Staatswissenschaft: ihre Zweige sind die Politik (Staatsklugheit) Polizey, Handlung, und Finanzwissenschaft.

3. Die praktischen Kenntnisse ohne Leitfaden der wissenschaftlichen Grundsätze sind in den Geschäfften des Staates unzulänglich.

4. Die Polizey ist die Wissenschaft die innere Sicherheit des Staates zu gründen: diese innere Sicherheit, ist eine öffentliche, und eine Privatsicherheit.

5. Dem

5. Dem Unebenmaße des Reichthums in denen Umständen, wo demselben nur der Einfluß, aber kein Abfluß offen stehet, als bey Majoraten, Klöstern, und andern unsterblichen Gesellschaften muß durch kluge Verordnungen vorgebauet werden.

6. Wohleingerichtete Seelenbeschreibungen, sind das schicklichste Mittel das Kenntniß der Bevölkerung im Ganzen, und nach allen ihren Theilen zu erlangen.

7. Alle geheimen Gesellschaften, deren Zweck, und Einrichtung dem Staate verborgen sind, müssen gehindert werden.

8. Der Regent ist berechtiget, und verpflichtet, alle der öffentlichen Sicherheit schädlichen Vorzüge, auf was immer für eine Art sie auch erhalten, oder verliehen worden, zu wiederrufen.

9. Der Staat erreichet seinen Endzweck nicht, wenn Schriften, die gegen ihn gerichtet sind, durch den Scharfrichter öffentlich verbrennet werden.

10. Die Eigenschaften des gesetzgebenden Stils sind, Kürze, Einfalt, und Deutlichkeit, die alle fremde dem Volke unbekannte Ausdrücke verbannet, und Eigentlichkeit der Ausdrücke, damit alle Bürger darinnen gleichen Sinn finden:

er

er schlüsset also alles dasjenige aus, was zu einer Misdeutung Anlaß geben könnte.

11. Die Gesetze sollen die Anzeichen bestimmen, nach welchen ein Bürger könne in Verhaft genommen werden.

12. Die Einziehung eines Bürgers, der nicht ein öffentlicher Verbrecher ist, soll mit größter Behutsamkeit . zur Nachtzeit, ohne vieles Aufsehen, geschehen.

13. Es entehret den Richterstuhl, wenn das Betragen des Richters gegen den Beklagten in Beschimpfungen ausartet. Die Pflicht des Richters ist, die Handlungen des Beklagten mit den Gesetzen zu vergleichen, findet er sie übereinstimmend, ihn loszusprechen, findet er sie denselben entgegen, ihn zu bestrafen.

14. Die Kerker insgemein haben keine andere Bestimmung, als diejenigen festzuhalten, deren Handlungen zu untersuchen sind. Sie mit empfindlichen Ungemächlichkeiten vereinbaren, heißt den Untersuchten ein Uebel empfinden lassen, da es noch zweifelhaft ist, ob er eines verdienet habe.

15. Die Tortur ist ein unzuverlässiges Mittel, die Gewißheit eines Verbrechens zu bestättigen, es sey dann gegen denjenigen, der des Verbrechens schon überführet ist, und dem Richter Umstände,

oder

oder Mitschuldige aus Hartnäckigkeit geheimhält, welche er nach der Natur seines Verbrechens, wissen mußte.

16. Es wäre zu wünschen, daß die Gesetze die Freyheit der Jugend bey Standeserwählungen, Gelübden, Heurathen, u. d. g. handhabten, und den Entschluß auf diejenigen Jahre vorbehielten, wo sie mit Prüfung zu entschließen fähig ist.

17. Kein Staat kann ohne Religion bestehen. Die Polizey soll darauf sehen, daß die Bürger in den Pflichten der Religion wohl unterrichtet, daß alles dasjenige aus dem Wege geraumet werde, was die Religion in den Augen des Volkes lächerlich, oder verächtlich machen könnte, und daß die äußerlichen Uebungen des Gottesdienstes mit Anstand gehalten werden. Reine, und nicht zu sparsam ausgemessene Geldeinkünfte, sind für die Pfarrer die schicklichsten. Auch die Schulmeister sollen mit zureichendem Unterhalte, und Ansehen versehen seyn.

18. Wohl eingerichtete Erziehungsplane nach dem Unterscheide der Verschiedenheit der Klassen der Bürger, wornach Aeltern ihre Kinder zu erziehen hätten, wären das Mittel zwischen der allgemeinen öffentlichen, und der Privaterziehung.

16. Der

19. Der Staat ist berechtiget, vermögli-
chen Anverwandten die Pflicht der Erziehung der Kinder aufzulegen. Die
Erziehung älternloser, und mitteloser
Kinder, hat der Staat zu übernehmen.
Waisenhäuser, worinnen die Aufnahme
leicht, und unentgeltlig ist, sind eine der
nothwendigsten Polizeyanstalten.

20. Die Schaubühne könnte ein Mittel
zur Bildung der Sitten, eine Schule
des Umgangs und der Sprache werden.
Glücklich der Staat, dessen Bürger ein
gesittetes Vergnügen zu verkosten, und
sich zugleich zu unterrichten fähig sind.
So entfernet wir aber auch von dieser
Glückseligkeit sind, so darf die Schaubühne wenigstens nicht ungesittet seyn,
und den Verstand beleidigen. Wir
werden nie müde werden, dieses zu wiederholen, und hieraus die Nothwendigkeit der Theatralcensur abzuleiten, von
welcher, wenn sie ihre Pflicht erfüllen
soll, die extemporirten Stücke nicht geduldet werden können, die sich immer
auf Kosten der Sitten, der Anständigkeit,
und der gesunden Vernunft, erhalten.

21. Unter den Mitteln, die Schaubühne
von ihrem Wuste zu reinigen, zählen
wir vorzüglich die Verscheuchung eines
Vorurtheils, welches den Schauspieler
durch Verachtung seines Standes unter

den

den niedrigen Pöbel hinabstößt. Dadurch werden Leute, die das Gefühl
der Ehre kennen, immer von einem
Stande entfernet, der, wenn er sich
nicht selbst durch Fratzen und pöbelmä-
ßige Sitten gerinschätzig macht, nach
dem Nutzen, welchen er zur Bildung
der Nation leisten kann, seinen Antheil
von Achtung gleich den nützlichsten Stan-
den zu fodern, berechtiget ist

22. Jedermann im Staate soll verpflichtet
seyn, sich zu rechtfertigen, wodurch er
seinen Unterhalt gewinne, und hierunter
werde keine Beschäfftigung angenommen,
welche nichts zu der Maße der allgemeinen Arbeit beyträgt.

23. Das Beteln abzustellen, muß dasselbe unter keinen Vorwande gestattet, auf
das Almosengeben eine Strafe gese-
tzet, die Freygebigkeit der Klöster, welche den Müßigang zu sehr begünstiget,
aufgehoben, und wohleingerichtete Ar-
beitshäuser errichtet werden.

24. Es soll jedem Gesindhalter unter
Strafe verboten seyn, einen Dienstboten
ohne Abschied aufzunehmen, noch den
Liedlohn unter was immer für Vorwand
zu erhöhen; welcher daher mit allen
Foderungen der Dienstleute ganz wohl
einer Taxe unterworfen seyn kann.

25. Auch

25. Auch eine häusliche, dem Herrn ein=
geräumte Bestrafung, ist zur Zucht des
Hausgesindes unentbehrlich. Es ist
nothwendig ein Gesindgericht, dessen
Verfahren kurz, ohne Ausnahme der
Person, und ohne weitere Berufung
seyn soll, zur Befestigung beidseitiger
Rechte aufzustellen.

26. Die Verminderung der Feyertage ist,
neben den vielfältigen andern Vorthei=
len, die man daher erwarten mag, ei=
nes von denen wirksamsten Mitteln, die
guten Sitten zu befördern.

27. Gegen die Zweykämpfe ist die Entch=
rung das wirksamste Mittel. Der übel=
verstandne, und zu weit ausgedehnte
Unterscheid zwischen Ausfoderungen,
und Begegnungen giebt Gelegenheit,
das Gesetz zu entkräften.

28. Dem Kindermorde Einhalt zu thun,
sind Waisenhäuser, und solche Häuser
nöthig, in welchen sich gefallene Mäd=
chen ihrer Bürde unerkannt, und un=
beschämt entledigen können.

29. Die öffentlichen Kirchenbussen, oder
andere entehrende Strafen, sind die ei=
gentlichen Quellen der Kindermorde.

30. Es sind strenge Verordnungen nöthig,
welche das schnelle Fahren, oder Rei=
ten, ohne Ausnahme untersagen, wel=
che den Wägen ihre Standplätze anwei=

sen, welche dem Fuhrwerke in den engeren Gässen, stille zu halten verbieten, und welche befehlen, daß, wo immer ein Bau geführet wird, die vorübergehenden durch vorgezogene Stricke, oder andre bekannte Zeichen, gewarnet werden. Diese Ordnung muß auch auf alle in der Höhe und Gerüsten arbeitende Handwerker ausgedehnet werden.

31. Alle gefährliche Künste, und Wagestücke sind zu verbieten; als das Schwimmen, Baden, in grossen Wässern, Seilschwingen, Kirchbaumsteigen, die Flugwerke in den Schauspielen. und d. g.

32. Das Leben der Bürger wider Krankheiten zu versicheren, sollen besonders auf den flachen Lande geschickte Aerzte, Wundärzte, und Wehmütter vertheilet werden.

33. Die zur Wartung der Kranken gestifteten Orden, würden auf den Lande dem Staate den größten Dienst leisten.

34. Die Begräbnisse, und gewissen die Luft verunreinigenden Beschäfftigungen, sind außerhalb der Städte zu verlegen.

35. Die Säuberung der Städte soll nicht verpachtet werden: am besten geschieht sie, wenn die Pflicht zu säubern, nach einer gewissen Vorschrift auf jedes Haus vertheilet wird.

36. Die

36. Die Theurung wird durch viele, kleine. und öffentlich eingeschriebene Magazine gesteuert.   Staatsmagazine,
oder große Magazine der Privatleute
befördern sie.

37. Die Versorgung der Armen geschiehe
am besten durch Versorgungshäuser: die
Einkünfte dieser Häuser gehören unter
den nothwendigen Aufwand des Staates.

38. Taxen sollen nur auf die Nothwendigkeiten, und im Kleinverkaufe gelegt
werden.

39 Zu Unglücksfällen die als Versehen,
oder Muthwillen geschehen, soll keine
Gelegenheit gegeben werden.

40. Feyerlichkeiten, welche das Volk im
Gedränge herbey rufen, und zu Balge-
reyen Anlaß geben, als Geldauswer-
fen, Weinrinnen, u. d. g. scheinen
nicht unter die Gewohnheiten der po-
lizirten Staaten zu gehören.

51. Uneheliche Kinder ihrer Ehre zu berau-
ben, ist als eine Strafe der Aeltern
unnütz, und in Ansehung der Kinder
ungerecht.

42. Eben so ungerecht ist es, mit nothwendigen
und nützlichen Beschäfftigungen, oder mit
nothwendigen, und unvorsetzlichen Handlungen eine Entehrung zu verknüpfen.

43. Vorsetzliche Schuldenmacher, das ist
solche, die eine vernünftige Hoffrung, je-

b 2   mals

mals zahlen zu können, nicht vor sich haben, sollen wie Diebe gestraft werden.

44. Bey öffentlichen Spielen, als Glücks-häfen, und Lotterien, muß durch die Aufsicht der Polizey der Vortheil der Einlage, und der möglichen Gewinnste, in ein Verhältniß gebracht, auch sonst durch Kommissäre den Betrügereyen Einhalt gethan werden.

45. Das Rechtsverfahren (Rechtskrieg) muß so kurz als möglich, besonders in deutlichen Fällen, seyn. Das Recht soll unpartheyisch verwaltet werden. Zu diesem Ende sollen die Gerichtsbeamte gut gewählet, und wegen Gefahr der Bestechung, gut besoldet werden.

46. Neben einer guten Feuerlöschordnung, sind auch Feuerversicherungskassen nöthig. Die beste Art der Versicherung ist, wenn die Häuser nach eigener Willkühr geschätzet, nicht jährlich, sondern bey sich ereignendem Falle der Brunst verhältnißmäßig ihren Antheil zur Vergütung beytragen.

47. In dem Zusammenhange, wie die Polizey von uns genommen wird, soll dieselbe die oberste Stelle im Staate seyn. Die Ausführung wird verschiedenen untergeordneten Stellen aufgetragen.

48. Jede große und kleine Stadt, jede Provinz soll ihre Polizeyvorsteher haben,

ben, außer diesen sind **Kommissäre** nö=
thig; unter welche die größeren Städte
noch gewissen Abmessungen in Viertel
und d. g eingetheilet werden. Eben diese
Eintheilung ist auch auf dem offenen Lan=
de zu beobachten, wenn die Polizenge=
schäffte gut verwaltet werden sollen.

49. Man räth dem Staate übel, wenn
man sowohl zu den oberen, als niede=
ren Polizeybeamten Leute wählt, ohne
alle wissenschaftliche Polizeygrundsätze,
und Prüfung. Auch soll jedem Polizey=
beamten eine besondere Verrichtung be=
ständig vorgeschrieben, und nicht leicht
gewechselt werden.

50. Freyörter sollen nicht einmal dem Na=
men nach in einem Staate geduldet wer=
den.

51. Die Freystätte des alten Bunds haben
mit den Freystätten unsrer Zeiten keine
Aehnlichkeit mehr.

52. Der Regent hat ein Recht, sie zu wie=
derrufen.

53. Die Reversalbriefe, welche von den
Kirchen, und Klöstern, bey Aushändi=
gung eines dahin geflüchteten Verbrechers
bedungen werden, sind an sich selbst ein
Eingrif in die Rechte des Regenten.

54. Die Erklärung der Strafe, ein Ue=
bel der Empfindung wegen der Bos=
heit der Handlung, ist mehr witzig, als
richtig.   55. Die

55. Die Genugthuung, die der Gesetzge=
ber durch die Strafe sich und dem Be=
leidigten geben will, ist oft unmöglich.
Der Maßstab der Strafe beruht auf
dem vom Verbrechen erwarteten Vortheile,
und der Leichtigkeit dasselbe auszuüben,
und geheim zu halten.

56. Landesverweisung, Verstümmlung,
Brandmarkung, Aussetzung auf der
Schandbühne sind die schicklichsten Mit=
tel, die Verbrechen zu vermehren.

57. Geldstrafen, Gütereinziehungen, sind
nur dann anzurathen, wo die Habsucht
der Trieb des Verbrechens ist.

58. Die Furcht des Todes, ist nicht der ab=
haltendste Beweggrund von Verbrechen.

59. Der Gesetzgeber kann an der Besse=
rung des Missethäters, worauf man
hauptsächlich die Nothwendigkeit der
Todesstrafen gründet, nicht verzweifeln;
auch beleidigt die Aufhebung der To=
desstrafe die Weisheit des höchsten Ge=
setzgebers nicht.

60. Oeffentliche körperliche Züchtigungen
in den Fällen des ordentlichen peinlichen
Prozesses würden auf die Boshaften eine
größere Wirkung haben, und dem
Staate vorträglicher seyn.

Keine Meynung war jemals so au⸗
genscheinlich abgeschmackt und
widersinnig, die nicht irgend einen Ver⸗
theidiger gefunden hätte; vielleicht eben
darum, weil sie widersinnig war, und
weil es der menschlichen Eitelkeit sehr ge⸗
fällt, Paradoxe zu behaupten. St. Pier⸗
re schrieb von den Vortheilen, welche
eine beständige Vergrößerung der
Hauptstadt dem Staate verschaffen
A muß.

muß *). Das war also, um ganz
Frankreich in Paris zu stecken. Doch seine
politischen Träume haben so wenig Ein=
gang in die Kabinete gefunden, als seine
Rechtschreibung in die Akademie.

Außer St. Pierren, erinnere ich mich
nicht, irgend ein Buch aus dem Fache der
politischen Wissenschaften gelesen zu haben,
worinnen über das Unebenmaaß der
Hauptstädte zu dem Ueberreste der
Länder, und über die unerschwing=
liche Theurung, welche darinnen noth=
wendig herrschen muß, nicht schwere Kla=
gen wären geführet worden. Aber sowohl
die Männer, welche diese Klagen aus
Einsicht zuerst angestimmet, als diejenigen
untergeordneten Geister, welche, was ein
großer Mann einmal gesagt, auf guten
Glau=

*) Ouvrajes de Politique Tom. IV, N, V.

Glauben seiner ihnen unbekannten Gründe von Geschlecht zu Geschlechte getreulich nachsingen, beide haben es bey diesen Klagen bewenden lassen, ohne daß es den erstern gefällig, und den zweyten möglich gewesen, sich umständlicher in die **Mittel** einzulassen, welche diesem Uebel entgegengesetzt werden könnten. Der Gegenstand ist indessen nicht so geringschätzig, daß er, selbst die Feder eines **Hume, Cantillons** oder **Forbonais** verunziert hätte: der Dienst, den solche Männer besser, als jeder andre, durch ihren Unterricht den bürgerlichen Gesellschaften hierinnen erweisen konnten, war ihres Eifers und ihrer Einsicht würdig. Es ist mir vielleicht erlaubt, den stolzen Wunsch zu thun, daß gegenwärtige Betrachtungen die ihrigen über diesen Gegenstand entbehrlich machen mögen! aber es

ist

ist mir vielleicht auch zu vergeben, wenn
ich meinen Zweck nicht erreichet habe.

Ich hatte bey Entwerfung dieser Schrift
weder Paris, noch Madrit, noch Wien
insbesondre, ich hatte alle Hauptstäd=
te, ja alle großen Städte zugleich im
Gesichte. Darum auch müßen die darin=
nen gemachten Anmerkungen auf alle der=
selben mehr oder weniger anwendbar seyn,
oder ich habe meiner eigentlichen Absicht
verfehlet.

Der

Der Ackerbau, die Viehzucht, haben ihren von der Natur angewiesenen Wohnplatz auf dem **platten Lande.**

Die Handwerke, die nothwendigen Fabriken, zogen sich in **Flecken** zusamm, weil ihre Arbeiten, Gebäude von größerer Festigkeit, gemeinnützbare Kunstwerke und Zusammenhang foderten. Diese Flecken sind von den offenen **Landstädten,** weder der Gestalt, noch der Bestimmung nach unterschieden. Das nächst herumliegende Landvolk bringt an gewissen Tagen von seinen ländlichen Erzeugnissen dahin zu Kaufe, und nimmt dagegen seine da verfertigten Bedürfnisse mit sich nach Hause.

Der Landesfürst schlug an einem Orte, dessen bequemste Lage der Mittelpunkt des

Lan=

Landes war, seine beständige Wohnung
auf, ihn begleiteten seine Hofstadt, sein
Rath, seine Gerichte, das war die
Hauptstadt. Bald folgten dem Fürsten
diejenigen, die ihm durch ihre Gegenwart
die Aufwartung machen wollten, diejenigen,
die von ihm Gnaden erbitten wollten, Künste
und Pracht, welche hier Beschäfftigung
fanden, setzten sich daselbst fest; diese,
und die Ergötzlichkeiten lockten die Reichern
nach sich dahin, und zugleich diejenigen,
welche, ohne wirklich reich zu seyn,
sich das Ansehen des Reichthums geben;
und nunmehr fieng es an, als ein Vorzug
betrachtet zu werden, wenn man in der
Hauptstadt wohnte, weil man das Ansehen
gewann, entweder zum Hofe zu gehören,
oder in einem Amte zu stehen, oder
wenigstens vermögend zu seyn. Daher
ward die Stadt zuletzt noch mit Müßig-
gän-

gängern bevölkert, die nichts von allen
dem waren. Das ist vorläufig ungefähr
die kurzgefaßte Geschichte der **Ueberfüllung der großen Städte**, die wir
hier mit einmal zusammennehmen, weil
sich verhältnißmäßig von den zu großen
Provinzialstädten sagen läßt, was
von der **Hauptstadt** gesagt ist; und diese Ueberfüllung ist die **Ursache der
Theurung**, die paselbst herrschet.

Hat jemals eine Regierung den Schaden berechnet, den die Menge Menschen,
die in einer Hauptstadt gleichsam aufein-
ander geschichtet sind, dem Staate zu-
füget, wie war es möglich, daß sie denselben zu steuern, nicht die äußerste Gewalt
daran gestrecket hat? **aber**, wenn **unsre
Minifters**, sagt ein beobachtender

Schrift-

Schriftſteller, wenn ſie von Verſailles
nach Paris kommen, ſo erſtaunen
ſie, eine ſo ungeheure Anzahl von
Menſchen zu erblicken, die ihnen
von allen Seiten entgegen kommen,
und hieraus eben ſchlüſſen ſie, der
Staat wäre ſehr mächtig — Sie können vielmehr aus dieſer unebenmäßi-
gen Lokaltheilung der Bevölkerung das
Gegentheil ſchlüſſen, wofern ſie anders
nicht unterlaſſen, ſich aus den Seelen-
beſchreibungen zu belehren, daß die
Menge des Volkes den übrigen Theilen
des Landes in dieſem Verhältniſſe
nicht zuſaget.

Denn dieſe Ueberladung an einem,
ſetzet natürlicher Weiſe die Leere an dem

andern Orte voraus, welches das **platte
Land** ist. Diesem sind alle die unzähl-
baren Menschen entzogen, die in der
Hauptstadt ein unnützes Gefolge von
Bedienten und **Mägden** ausmachen,
die sich den einträglichen Künsten der
Pracht widmen, die ein **unbeschäfftig-
tes** Leben führen, und in der Masse der
Bevölkerung **Unwerthe** vorstellen.

Der **Ackerbau**, die **Aemsigkeit** und
Handlung müssen ihren Verlust nothwendig empfinden.

Die **Felder** sind entweder **gar nicht**,
oder nur **schlecht** bestellet, weil es an
Händen fehlet, die den Pflug führen. Und
wäre dieser Verlust auch nicht **zunächst** an
den Städten selbst wahrzunehmen; so wird

er

er doch immer mehr und mehr in die Augen fallen, je mehr man sich von denselben
entfernet, und den Gränzen der Provinzen nähert.

Die Aemsigkeit kann sich nicht erhalten, wenn die **nothwendigeren Beschäfftigungen** bey derselben nicht zum Grunde
gelegt werden. Nur diejenigen Arbeiter
kann sie, stufenweise zu den Erzeugnissen
der **Gemächlichkeit** und **Pracht** abge-
ben, welche zu den erstern **überflüßig**
sind. Aber das Verhältniß ist gerade um-
gekehrt: die Verschwendung der Städte
macht aus dem letztern das Hauptgeschäfft,
und **überläßt** gleichsam nur an die erstern
diejenigen, welche sie für sich nicht weiter
anwenden will.

Dieses

Dieſes geſtöhrte Gleichgewicht der Beſchäfftigungen hat in die Handlung einen großen Einfluß, als welche nur nach dem Maaße dauerhaft und gegründet iſt, wie ſie mit Nothwendigkeiten getrieben wird, hingegen ſich da, wo ſie auf entbehrliche Waaren allein ankömmt, nur bittweiſe erhält. Denn, ſoferne, als der Nationalverzehrung genug gethan werden muß, kann der Mangel nur durch fremde Waaren erſetzet werden; und dann wird der Ausfluß des Geldes ſo beträchtlich ſeyn, ſich jährlich ſo lange wiederholen, bis das Land gänzlich entkräftet iſt, und zuletzt in eine Abhängigkeit derjenigen Nation geräth, von der ſie ihre Bedürfniſſe empfängt. Und ſoferne, als ſie von dem Ihrigen an

Frem-

Fremde abgab; wird sie sich nur so lange behaupten, als das Machtwort der Fürsten, welche ihr Erzeugniß verbieten, oder das Einsehen der Nationen, welche es entbehren lernen, derselben den Untergang bringt.

Das Unebenmaaß der Bevölkerung zieht auch das Unebenmaaß des Kreislaufs nach sich. Das Geld hat wegen der Abgaben, die beständig in die Kassen des Landesfürsten einfliessen müssen, ohnehin einen natürlichen Zug gegen die Hauptstadt. Wenn nun dieser Zug noch dadurch verstärket wird, daß Privatleute ihre Einkünfte dahin kommen lassen, wenn diesem Strome, der, wo ich so sagen darf, gegen die Stadt mit Gewalt zudrückt, keine Lust zum Wiederabflusse nach den Provinzen

fen gemacht wird, wenn es nur einen
Mittelpunkt der Anziehung, keinen der Zu-
rückstoßung giebt; so muß nothwendig dieser Theil gefährlich anschwellen, indessen
die äußersten Theile tödtlich siechen und
verdorren.

Die Erfahrung bestättiget alles dieses
nur zu sehr; da die Städte in dem Ueberflusse ersäufen, wovon ein geringer
Theil auf die nächst umliegenden Ort-
schaften abfließt, da man daselbst den
Werth des Geldes wegen seiner Menge
nicht kennet, kennet man ihn auf dem ebe-
nen Lande an vielen Orten der Selten-
heit wegen nicht. Es wird manchem,
der nicht im Stande ist, sich in die Umstände des armen Landvolks zu versetzen,
fabelhaft klingen, wenn man ihn versichert,
daß es, und dieses nicht gar zu fern von

der Hauptstadt, Menschen giebt, die in
ihrem Leben nie ein **hart Stück Geldes**
befühlet haben, und denen ein **Dukaten,**
mit welchen in Städten, wie mit Rechen-
pfenningen, umgegangen wird, der **Be-
griff und Ausdruck** eines großen Reichthums ist.

Vielleicht kann dieser Mangel des Geldes, in Ansehung des Landvolkes selbst,
für ein Geschenk der Vorsicht geltend gemacht werden, welche unschuldige Menschen
dadurch vor gränzenlosen Begierden bewah-
ret, daß sie denselben das Mittel, sie zu
befriedigen, verweigert hat. Aber, daß der
Ackerbau übel bestellet ist, da der Landwirth
keine Mittel in Händen hat, sich mehr Vieh
anzuschaffen, um sein Feld besser zu bearbeiten, um es besser zu düngen, da er keine
Mittel in Händen hat, irgend etwas zu einer

ner Verbesserung zu unternehmen, zu welcher nur ein geringer Aufwand erfodert
wird, daß es den nothwendigen Manufakturen in den Provinzen an Unterstützung gebricht, an diesen beiden Uebeln,
wovon der Schaden sich in vielfältig in-
einander laufenden Kreisen wiederholet,
ist diese ungleiche Vertheilung des Geldes
ganz und allein schuld.

Alle Welt sammlet Geld, um es auf
Zinsen hinzulegen, von denen man in dem
Sitze des Wohllebens und Vergnügens
gemächlich leben könne. Die lieg nden
Güter, welche, um sie wohl zu nützen,
das gegenwärtige Aug des Herrn fodern, werden daher feilgeschlagen, ohne
Käufer zu finden, welches ihren Werth
noch mehr herabsetzt, und sie zuletzt auf
eine Art von Unwerth bringt, der den

Acker-

Ackerbau ganz in die Hände der dürftig-
sten Leute liefert.

Eben so ergehet es der Aemsigkeit
und dem Fabrikwesen, Beschäftigun-
gen, die für Leute, welche an dem locken-
den Wohlleben der Stadt Theil nehmen,
viel zu mühsam sind! sie werden also
ganz an solche Leute überlassen, denen ihre
Armuth es für itzt zwar unmöglich machet, die aber, sobald es ihre Umstände
zulassen, eilen werden, ihren Vorgängern
dahin zu folgen. Und was sind diese zur
Ausbreitung ihres Zweiges, und folglich auch zur Erweiterung der **Handlung**
zu thun fähig? die Fabrikatur bleibt daher immer in der Kindheit, die Waaren
unvollkommen, mithin ihr Absatz beschränket, zum größten Nachtheile der **Bevöl-**

Ke-

kerung, die durch diesen Mangel der Arbeiten sehr herabgesetzt wird, weil die **Bevölkerung** immer mit den Nahrungsgeschäfften im Gleichgewichte stehen muß.

Die **Bevölkerung** empfindet das Uebel auch noch in einer andern Absicht, nämlich in der **Verminderung der Ehen**, die eine nothwendige Folge der vermehrten **Rentierer** ist. Zur Erhaltung einer Familie gehören, entweder ein beständig **anhaltender Fleiß**, oder sehr große Einkünfte. Das Erste ist bey Leuten, die ihre Gemächlichkeit in den großen Städten suchen, nicht vorauszusetzen, und das Letztere stehet ohne **Erwerbungsmittel**, auf welche ein so großer Theil, welcher die Stadt vorzieht, Verzicht thut, in niemands

B   mands

mands Willkühr. Also verweigert die
ganze Klasse der Mittelmäßigbe=
güterten, entweder weil sie schon in der
Stadt sich niedergelassen, oder nur den
günstigen Augenblick dahin zu kommen,
abwartet, dem Staate den Zins an Kin=
dern, deren Erziehung kostbar ist; und es
fehlet auf diese Art an dem hothwendigen
Nachwuchse der Bürger, welcher dereinst
die Stelle ihrer abgehenden Väter ersetzen
können. Der Größenkündige weis den
Punkt auf das genaueste anzugeben, wo
die Linien, welche von einer gewissen
Grundfläche aus gezogen werden, wenn sie
durch jeden Punkt schief fortrücken, sich
in einer Spitze durchschneiden, und enden
müssen. Der beobachtende Staatskundi=
ge kann in diesem Punkte ein Größenkün=
diger seyn, und den unglücklichen Zeit=
punkt untrüglich vorausbestimmen, in
wel=

welchem die immer abnehmende Bevölkerung endlich aufhören muß.

Da die überhandnehmende Ehlosigkeit
nicht die Wirkung der Enthaltsamkeit
ist, so zieht sie natürlich Ausschweifung
und Verderbniß der Sitten nach sich;
so wie die Ausschweifung immer noch den
Hang zur Ehelosigkeit allgemeiner machet. Gebet den Hirten Weiber,
sagte der griechische Weltweise zu denen,
die es ihm als ein Wunderzeichen melde-
ten, daß bey den Heerden des Xantus
Lämmer mit Menschenköpfen gefallen wären. Vermehret die Ehen! vermindert die Ehelosen! darf man den Ge-
setzgebern derjenigen Provinzen zurufen,
wo Laster, welche in andern Ländern glücklich unbekannt sind, ihren Wohnplatz

B 2   auf-

aufgeſchlagen haben, und wo es als ein
Mittel, die Sitten vor dem äußerſten
Verderbniße zu bewahren, angeſehen wird,
daß man die Gelegenheiten zu ihrem Ver=
derbniſſe unter öffentlichem Schutze dul=
det. Die Maſſe der Ausſchweifung,
wenn ich dieſen Ausdruck wählen darf,
beſteht unſtreitig in den Ehloſen, welche
einen Hang, den die Natur, mit den
Worten Montesquieus zu reden, mit
feurigen Zügen in die Herzen der Men=
ſchen geſchrieben hat, welche einen ſo ge=
meinen Hang nicht auf unerlaubte Art zu
befriedigen ſuchen würden, wenn ſie an=
geleitet wären, dem Zuge der Natur auf
beſſern, und ihrer Abſicht gemäßern We=
gen zu folgen.

Die

Die Troſtloſigkeit und Entehrung

der Familien gehören alſo gleichfalls unter die ſchädlichen Folgen der überfüllten
Städte. Ich will mein Auge, von einer
andern, noch abſcheulicheren abwenden,
wodurch die, wider des Schöpfers Be-
ſtimmung ausgeſaugte Natur auf das
ſtrengſte gerächet wird.

Wir mögen immer den Urſprung eines
ſo verwüſtenden, und ſo weit verbreiteten
Uebels unter einem Himmelsſtriche ſuchen,
deſſen Bewohner wegen ihrer unſchuldigen
Sitten, ehe ſie von Fremdlingen verder-
bet wurden, vielleicht verdient hatten, daſſelbe nicht zu kennen; es iſt ein Anſtrich,
den wir über unſre Schande ziehen wollen, deren Abſcheulichkeit unſern eignen
Augen unerträglich iſt. Wenn auch nie
ein Schiff die Küſten von **Amerika** er-

rei-

reichet hätte, die Zügellosigkeit würde für
uns in diesem Stücke immer ein **Amerika**
gewesen seyn, wir würden diese Pest der
Erzeugung auch zu Hause gefunden haben.

Ein starker Beweis, wie unglaublich
diese Krankheit überhand genommen habe,
ist jener Unterricht eines alten erfahrnen
Arzten, welcher einen angehenden Schüler
der Heilkunst, als er von ihm um Rath
gefraget ward, welchem Theile der Arzney
er sich vorzüglich zu widmen hätte, zur
Antwort gab: **Legen Sie sich auf das
Heilen der Franz . . . . das ist ein
Mittel, immer Patienten die Fülle
zu haben, und bald reich zu werden.**
Der sicherste Beweis, daß diese Krankheit,
der ihre Allgemeinheit gleichwohl nichts
von der Schande abgenommen, mit der sie

die=

diejenigen überhäuft, welche damit behaf=
tet sind, daß dieselbe eine Folge der in den
Städten zu sehr gehäuften Menge Men=
schen ist, kann daher geführet werden,
weil sie biß diese Stunde noch, nur ein
trauriges **Vorrecht** der Städte war, und
das glücklichere Landvolk damit immer
verschont blieb, als in sofern vielleicht ein
verirrter Wollüstling der Stadt, wie ein
giftiger Drache von seinem Durchzuge,
Spuren der Verheerung zurückgelassen hat.

Es ist ohne Zweifel kein sehr reizendes
Mosaik, dieses Bild, welches ich aus den
mancherley Schändlichkeiteiten der Ueber=
ladung der Städte zusammengesetzet habe;
und ich könnte es noch durch manche Züge
vergrößern, wenn es zu meiner Absicht
etwas beygetragen hätte. Aber ich gehe dar=
über weg, um dem eignen Gegenstande dieser

B 4 Ab=

Abhandlung, der **Theurung** in den **Hauptstädte** näher zu kommen, welche ebenfalls eine Folge der **Ueberfüllung** ist.

Die Einwohner der großen und besonders der Hauptstädte empfanden sie schon lange, sie klagten darüber, sie wünschten derselben abgeholfen; und die Regierungen aller Staaten sahen sich nach Mitteln um, diese Wünsche zu erfüllen. Indessen besteht das Uebel noch, und wächst täglich an. Sah man vielleicht den Schaden einer solchen Theurung nur als einen Privatschaden an, woran der Staat selbst nicht so viel Antheil hätte, um die Sache sich dringender anliegen zu lassen? — Wählte man vielleicht nicht die wirksamsten

Mit-

Mittel, um denselben abzuwenden?
— Verkennte man die Ursache dieser
Theurung, welche allein im Stande
seyn wird, auf das eigentliche Mittel
dawider, zurück zu führen? — Welches
ist es, dieses Mittel? Diese Fragen werden der Leitfaden meiner Betrachtungen
seyn.

Ob

die Theurung in großen Städ=
ten einen Einfluß auf die allgemeine
Wohlfahrt des Staats habe?

Es ist der Mühe ganz nicht werth, das=
jenige anzuführen, wodurch St.
Pierre diese Frage verneinet: es sind
Spitzfindigkeiten, die höchstens eines Ma=
rimus Tyrius oder sonst eines Schwä=
tzers aus der Schule der Sophisten wür=
dig sind. Ich sammle hier dasjenige, so
wenigstens mit einigem Scheine der Gründ=
lichkeit zur Verneinung dieser Frage
angeführet werden möchte.

„ Es sey dem Staate an sich selbst sehr
„ gleichgültig, in wessen Händen sich das
„ Geld

„ Geld befinde, wenn es nur in den Hän-
„ den eines Bürgers bleibe, und durch
„ einen schädlichen Ausfluß die kreislau-
„ fende Masse nicht verringert werde. Denn
„ der Staat, als ein Ganzes betrachtet,
„ sey gleich vermögend, wenn ein Bür-
„ ger **Zehntausend** besitzt; oder die-
„ se **Zehntausend** in die Hände von zehn
„ andern Bürgern kommen.

„ Er habe also keinen Antheil an dem
„ hohen Preise, dem sich die Städter zu
„ unterwerfen gezwungen sind, gesetzt auch,
„ dieser Preiß wäre so groß, daß er den
„ Untergang der vermögendsten Familie
„ nach sich ziehen müßte. Man wäre be-
„ rechtiget, hier eben dasjenige zu sagen,
„ was die Vertheidiger der Pracht bestän-
„ dig im Munde führten *): es ist in

„ Ab-

*) Betracht. über die Handlungsgrundsätze der
Engländer VI. Abschn.

„ Abſicht auf den Staat nicht übel,
„ wenn Dieſer insbeſondre arm wird,
„ und ſich Andre bereichern, wenn
„ es nur Bürger ſeines Staats
„ ſind: er, empfindet aus dem Wech‑
„ ſel ihrer Glücksumſtände keine
„ Aenderung.„

„ Es könnte in einem gewiſſen Verſtan‑
„ de dem Staate ſogar daran gelegen ſeyn,
„ dieſe Theurung zu erhalten, um dadurch
„ dem Gelde, welches auf ſo mancherley
„ Art in die Hauptſtädte eingehet, einen
„ verhältnißmäßigen Abzug zu verſchaffen,
„ durch den es wieder in die Provinzen,
„ welche die mancherley Bedürfniſſe der
„ Verzehrung dahinliefern, zurückſtrömen,
„ und zur neuen Unterſtützung ihrer Aem‑
„ ſigkeit dienen möge. Einigermaßen alſo
„ wäre

„ wäre die städtische Theurung das Mit=
„ tel, die kreislaufende Masse gleichför=
„ miger einzutheilen, und in einem vor=
„ theilhaften Gleichgewichte zu erhalten.

Ich zweifle im geringsten nicht, diese
Gründe werden bey manchem Leser bereits
ein beyfälliges Urtheil bewirket haben. Die
sich in dem Falle befinden, mögen durch
dieses Beyspiel belehret werden, in ihre
Beurtheilung einiges Mistrauen zu setzen,
sobald es auf Sachen ankömmt, welche,
wie die Geschäffte der Staatswissenschaft,
Grundsätze und Verbindungen der Grund=
sätze voraussetzen.

Um den **Einfluß** der Theurung in die
Wohlfahrt des Staats einzusehen, muß
man die mancherley Gattungen von Bür=
gern, aus welcher die Bevölkerung der

Städ=

Städte zusammengesetzet ist, vor sich vorüber gehen lassen; sie sind: der Regent und seine Familie — das Hofgefolge — die Staatsbedienten, worunter ich die geringsten im Solde des Staates stehenden Menschen mit begriffen habe — die Handelsleute — die Fabrikanten — die Besitzer der Landgüter — die Besitzer der Häuser — diejenigen, welche von Renten leben — die gemeine Klasse der Handwerker — die Dienstboten — die Armen — das müßige und Bettelvolk —

Die Kosten, welche der Regent und seine Familie zu ihrem persönlichen Unterhalte zu verwenden haben, sind der billigste Zins der Unterthanen für die

koſtbare Sorgfalt, welche der Fürſt der
Erhaltung der allgemeinen Glückſeligkeit
widmet, die Völker entrichten dieſen, ih=
nen durch ihre Wohlfahrt ſo ſehr vergol=
tenen Zins mit Freuden. Indeſſen wird
jeder liebvolle Regent ſelbſt den Wunſch
hundertmal bey ſich gethan haben, daß
dieſe Koſten ſeinen Unterthanen geringe
zu ſtehen kommen möchten! Es iſt einem
ſo gütigen Wunſche unter andern auch die
Theurung der Hauptſtadt entgegen;
denn dieſe Theurung vergrößert natürlich
die **Aufwandrubrike** unendlich; und
da dieſer Aufwand zu dem Staatswirth=
ſchaftsetat gehöret, ſo fällt die Laſt der
Theurung verhältnißmäßig auf den ſteuer=
baren Unterthan, ohne daß dieſer ſich über
die vergrößerten Anlagen wenigſtens damit
tröſten könnte, daß ſie ſeinem Regenten
einigermaßen zu ſtatten kommen. Man

Man kann das Hofgefolge, und die Staatsbedienten zusammenfassen. Beide müssen von dem Regenten, das ist, von den Anlagen, so auf die Unterthanen vertheilet werden, besoldet seyn. Ihre Besoldung aber wird nothwendiger Weise nach dem Preise der Bedürfnisse abgemessen, zu deren Bestreitung ihnen dieselbe gereichet wird. Daher, je mehr der **Preis der Bedürfnisse** steigt, desto stärker werden sie besoldet, das heißt, desto stärker werden die Unterthanen ihrentwegen angelegt werden müssen.

Die Theurung der Hauptstadt versetzt also den Landesfürsten auf drey Seiten in die, für ihn traurige Nothwendigkeit, die Abgaben der Unterthanen zu erhöhen. Man wird von mir nicht verlangen, daß ich den Nachtheil, so dem all-

ge-

gemeinem Wohl von so mancherley Ge-
sichtspunkten durch große Abgaben zuwächst, aus einander setze. Für denjenigen, welcher einer solchen Zergliederung
noch bedarf, sind diese Art von Schriften
eine unnütze Lektür.

Auf eine ähnliche Weise kann der Schaden von ieder Klasse der Bürger berechnet
werden, welche dem hohen Preise der
Hauptstädte unterworfen ist. Der Handelsmann, der daselbst lebt, muß seine
Waare theurer absetzen, weil seine Unterhaltungskosten größer sind, und diese
Unterhaltungskosten sind ein Theil des
Preises seiner Waare *). Dem Fabrikanten ist sie noch empfindlicher, weil
sie

*) Vom Zusammenfluß, S. 56.

C

sie nicht nur seine Lebensmittel erschweret, sondern auch alle Zugehör zu seinen Erzeugnissen, und den Arbeitslohn seiner untergeordneten Arbeiter erhöhet. Denn dieser Arbeitslohn muß nothwendig größer werden, sobald seine vorgestellten Bestandtheile größer werden; diese Bestandtheile sind, die in der Stadt vertheuerten Bedürfnisse, *) welchen genug zu thun, der Arbeiter durch seinen Arbeitslohn in Stand gesetzt werden soll.

Nicht nur also, daß dem Nationalconsummenten die Abnahme der Fabrikatur zu kostbar gemacht, folglich auch ihr Absatz innerhalb der Gränzen eingeschränket wird, eine noch bedaurenswürdigere

Fol

*) Sätze aus der Pol. Handl. und Finanz. II. Theil. enthaltend die Handlungswissenschaft, §§. 130. 141.

Folge iſt die Verminderung der **auswärtigen Handlung.** Denn, ein durch größere Abgaben erhöhter Arbeitslohn, und
verhältnißmäßig, auch nothwendig höher
getriebener Gewinn, eine durch ſo viele
und beträchtliche Erhöhungen koſtbarer gemachte Waare, verliert ſchon an ſich einen großen Abſatz, durch das **Unvermö-
gen** vieler Käufer, welche eine Waare
von einem gewiſſen, mehr als mittelmäſ-
ſigen Preiſe nicht im Stande ſind, an ſich
zu bringen; dann auch durch die natürli-
che **Verſchonung** jeder Waare, die, weil
ſie theuer iſt, auch mehr geachtet wird,
da man vielleicht ſich ſobald nicht in Umſtänden befinden dürfte, ſich dergleichen
wieder anzukaufen. Insbeſondre aber iſt
der Verluſt des Vorzugs, im Zuſammen-
fluſſe mit **ausländiſchen Mitwerbern,**

in Anschlag zu bringen, der hauptsächlich
und am dauerhaftesten auf die **Wohlfeilheit** gegründet ist.

Hätte nun die ausländische Handlung z.
B. den **dreyßigsten** Theil der Bevölkerung
beschäfftiget, so würde es diesem **dreyß-
sigsten** Theile künftig an dem Mittel,
seinen Unterhalt zu gewinnen, gebrechen.
Die **Ehen,** welche, unüberdachte Hinder-
nisse des Staates bey Seite gesetzt, immer
mit den Beschäfftigungsmitteln in genauem
Ebenmaße stehen, werden um einen dreyßigsten Theil vermindert, mithin auch der
Nachwuchs der Bürger um ein **Drey-
ßigtheil** geringer. Dieser Abgang der
Bevölkerung zieht in einiger Zeit einen
gleichstarken, mittelst der in der Nationalverzehrung veranlaßten Verminderung,

rung, nach sich; und da ein austretender
Bürger den Austritt des zweyten nach sich
ziehen kann, *) eben wie ein Bürger auch

C 3   dem

*) Dieser Satz: daß ein Bürger den zweyten
ernähren, daß der Abgang eines Bürgers,
den Abgang des zweyten nach sich ziehen
könne, scheint der einfachen Lage nach, einer
von den paradoxen Sätzen, die eher lächerlich
gemacht, als widerlegt werden. Ich trage indessen kein Bedenken, diese Berechnung für meine eigne zu erklären. Es ist eine ausgemach-
te Wahrheit, daß die Menschen einander
selbst Unterhalt geben. Der Verfasser der
Betrachtungen über die Einkünfte von Spa-
nien, wo ich nicht irre, bestimmt diesen allgemeinen Satz näher, daß zehen Menschen
dem eilften Unterhalt zu verschaffen fähig
sind. Wenn ich nun aber den kühnen Satz
wage, ein Mensch könne den zweyten ernähren, so gründe ich mich auf folgenden Schluß:
wenn z. B. die nothwendige Verzehrung des
Bür-

dem zweyten seinen Unterhalt zu geben,
fähig ist, so kann sich das Uebel so oft
wie=

Bürgers 100. fl. ist, so muß ein Bürger
100. fl. dazu erwerben: oder die nothwen=
dige Verzehrung eines Bürgers ist gleich,
der nothwendigen Erwerbung eines Bür=
gers. Die Summe der Verzehrung 100 des
einen Bürgers, ist also der Summe der noth=
wendigen Erwerbnng 100 des zweyten gleich;
oder der Abgang eines Bürgers raubt dem
Staate eine Verzehrung von 100, welche ab=
gehende Verzehrung auch in der Masse der
Beschäfftigung einen Abgang von 100 veran=
laßt. In dieser Berechnung kann man den
Grund finden, wie sich in Staaten, wo die
Häuslichkeit neben einer großen Aemsigkeit
herrschet, eine so unbegreifliche Menge Men=
schen erhält. Mein Satz ist inzwischen nicht
also zu nehmen, als ob die Verzehrung des ei=
nen unmittelbar den Unterhalt des andern be=

wir=

wiederholen, daß es den Staat zuletzt an den äußersten Rand der Ohnmacht führet.

Alle nun noch übrigen Gattungen der Stadtbewohner können gewissermaßen in

C 4   eine

wirken müßte: es würde sonst daraus folgen: wo ein Mensch ist, könnten auch eine, und auch hundert Millionen Menschen leben, und die Auswanderung des einen, müsse die Auswanderung aller übrigen nach sich ziehen; er ist nur dahin zu verstehen, daß durch die Verzehrung des einen, der allgemeinen Masse der Beschäfftigung so viel zuwächst, als der Unterhalt eines zweyten fodert. Aber da dieser Zuwachs meistens so untergetheilet wird, daß einige mehr erwerben, als sie zu verzehren nöthig haben, da auch die Ausgabe nicht eben in dem Zeitpunkte geschieht, als die Einnahme, so kann dadurch die ganze Progression nicht anders, als unterbrochen werden.

eine Klasse geworfen werden. Das Vers
mögen, Aufwand zu machen, muß immer der Größe des nothwendigen Auf=
wands gleich seyn. Daher wird der
Besitzer der Landgüter einen zu gro=
ßen Theil seiner Einkünfte verzehren, und
diesen Ueberfluß der Verbesserung entzie-
hen, die seine Felder erwarten, und der
Zusammenhang der allgemeinen Haushal=
tung erfodert. Die Besitzer der Häu=
ser werden die Miethen in das Unendli-
che erhöhen müssen. Die von Zinsen
leben, werden, um davon leben zu können, solche zu vergrößern gezwungen,
und bey der Menge derer, welche Geld
zu erborgen suchen, solches zu thun fähig
seyn. Die Klasse der Handwerker
wird den Preis ihrer Arbeiten erhöhen
müs-

müſſen. Die **Dienſtboten** werden ſowohl in der Aetzung als der Kleidung und
dem Lohne theurer zu unterhalten , die
Nahrung der Armen, deren Verſor-
gung dem Staate aufliegt, wird koſtbarer,
das **müßige Volk** ránkvoller, das **Bet-
telgeſinde** ungeſtümmer und dreiſter werden. Und dieſes alles wälzet zuletzt eine
erdrückende Laſt nur auf die **Aemſigkeit**
und diejenige Gattung von Bürgern, deren Schickſal zu erleichtern, der Staat
ſich gerade am meiſten beſtreben ſoll.

Hieraus wird es nunmehr nicht ſchwer
ſeyn, einzuſehen, daß es mit der Theurung der Städte nicht auf eine ledige **Per-
ſonalveränderung** des Vermögens ankömmt, wobey der Staat ſich immer ganz
gleichgültig verhalten möchte, ſondern dar-

auf,

auf, ob die Abgaben der Bürger groß, die Aemsigkeit gehemmet, mithin die Bevölkerung vermindert, und mit selber die öffentliche Wohlfahrt zu Grunde gerichtet werde?

Diejenigen aber, welche die Theurung als ein Mittel betrachten, dem flachen Lande etwas von dem Gelde wieder zurück zu senden, welches zu häufig in die Hauptstädte einfloß, könnte ich statt aller Antwort fragen, wenn sie der Ueberschwemmung einer Gegend zu wehren hätten, ob sie es besser dadurch zu bewerkstelligen hofften, daß sie dem Eindringen des Stromes einen Damm entgegen setzen? oder dadurch, daß sie das Land überschwemmen lassen, aber dann dem Gewässer irgendwo einen kleinen Abfluß ver-

schaf-

schaffen? Die Parthey, welche die Staa=
ten in Ansehen der Hauptstädte zu ergrei=
fen haben, ist nach dem, was bis hieher
gesagt worden, so wenig zweifelhaft, als
ihre Antwort.

Ich will indessen gleichwohl untersuchen,
ob? und wie weit diese Zurücksendung
des Geldes, besonders in einem Staate
Grund habe, der aus verschiedenen, und
etwas entfernteren Provinzen zusammen=
gesetzt ist? Es sind nur zween Wege, auf
welchen dem in der Hauptstadt gehäuften
Gelde wieder ein Ausweg offen steht:
durch die landwirthschaftlichen Pro=
dukte, und durch Fabrikaturzeugnisse.
Auch ist nicht genug, daß von beiden un=
gefähr etwas dahin komme, die Bilanz
des gegebenen Geldes muß mit dem, so

die

die Provinzen für ihre Natur = und Kunst-
erzeugniſſe empfangen, gleich ſeyn. Ohne
dieſes Gleichgewicht iſt das Uebel nur kleiner, und ſeine Wirkung langſamer, aber
immer ein Uebel, die Provinzen werden
nur um etwas länger der letzten Entkräf-
tung entgegen arbeiten.

Die entfernteren Provinzen geben an
landwirthſchaftlichen Produkten nur
wenig, oder überhaupt nichts an die
Hauptſtadt ab, erſtens, weil die Entfernung die Zufuhr beſchwerlich, und dadurch die zugeführten Naturalien zu **koſt-
bar** machet, zweytens, weil ſie an den
zunächſt, oder doch näher an der Hauptſtadt gelegenen Provinzen überlegene Mit-
werber haben, welche durch die Gewißheit
des Abſatzes ermuntert, ihre Felder beſſer
be=

bearbeiten, ihre ländlichen Erzeugnisse vervielfältigen, und über ihre Mitwerker,
wenn auch alles übrige gleich angenommen
würde, die **nähere Fracht** voraus haben.

Diese Betrachtung, die von selbst in die
Augen fällt, schlägt den Muth der entfernten Provinzen dergestalt nieder, daß
sie es nie wagen, mit den nähern Provinzen im Absatze zu **wetteifern**, oder in
der Hoffnung des Absatzes, den ihnen die
Hauptstadt gewähren wird, zu **erzielen.**
Die **nachbarlichen** Ländereyen sind es
also allein, auf welche die Verzehrung der
Hauptstädte einen belebenden Einfluß hat,
die entfernten Provinzen hingegen, sind
außer dem Umkreise ihrer Verzehrung gelegen.

Wäre

Wäre diese Wahrheit nur einigermaßen einem Zweifel unterworfen, so könnte sie aus dem **Verhältniſſe der Bevölkerung der Provinzen**, augenſcheinlich dargethan werden. Es iſt überhaupt gleichviel, woher das Beyſpiel genommen werde; ich wähle alſo die öſterreichiſchen Staaten. Aus den **Populationstabellen** von 1753 an, erhellet, daß der kleine Strich Landes **Unteröſterreich** den **achten Theil** Volkes von den weitläuftigen Provinzen, **Oberöſterreich, Böhmen, Mähren, Kärnthen, Steyermark, Görz, Gradiſka** ꝛc. ꝛc. in ſich enthält. Da die Bevölkerung nach dem Maße der Nahrungswege zunimmt, oder vermindert wird, ſo kann die angeführte Beobachtung für einen unwiderſprechlich praktiſchen Beweis

weiß gelten, daß die Nahrungswege in Un=
terösterreich, gegen die Nahrungswege der
übrigen Theile der österreichischen Staaten,
wegen des Absaßes in der Hauptstadt um
so viel häufiger sind, um so viel seine Be=
völkerung nach dem Verhältnisse der wech=
selseitigen Größe und Fruchtbarkeit, die
Bevölkerung der übrigen Länder übersteigt;
und ferner, daß der blühende Zustand die=
ses kleinen Theils, gewiß durch die Entkräf=
tung der übrigen erkauft wird.

Wofern die **Manufacturen** in die
Provinzen vertheilt wären, so würde we=
nigstens durch diesen zweyten Weg dem
Gelde ein Ausweg in dieselben verschaffet.
Aber dann wären auch die Umstände nicht
vorhanden, welche zum Theile zu gegenwär=
tigen Betrachtungen Anlaß gegeben haben.
Eben die Manufakturen, welche in den

Haupt=

Hauptstädten angelegt sind, tragen zu der daselbst herrschenden Theurург vieles bey, und ihre Verlegung in die Provinzen gehört unter die Mittel, dieser Theurung zu wehren.

Ueberdieß läßt es sich nicht wohl hoffen, so lange so viele Reizungen vorhanden sind, in der Hauptstadt zu wohnen, so lange der Aufenthalt auf dem Lande, als eine Art von Verweisung angesehen wird, den niemand, als der Nothgedrungene wählet, so lange läßt es sich nicht hoffen, daß vermögende Leute sich entschliessen werden, Manufakturen in den Provinzen zu gründen, und von unvermögenden, was kann von diesen erwartet werden?

Die Manufakturen endlich, die in den verschiedenen Provinzen wirklich vorhan-

handen sind, können in der That, als ein
Mittel angesehen werden, in einer Rubri-
ke den Ausgang des Geldes zu erleichtern;
welches in die Hauptstädte durch so viele
Rubriken eingeht, nur daß dieses Mittel
nicht zureichend ist, und der Abfluß
des Geldes mit dem Zuflusse nicht im Verhältnisse steht.

Aus dem Bestreben, der noch täglich
wachsenden Theurung Gränzen zu setzen,
kann man schließen, daß wenigstens ihr
schädlicher Einfluß überhaupt einge-
sehen wird, wenn gleich nicht jede einzelne
Folge für sich selbst in die Augen fällt.
Aber

D   Man

Man wählte vielleicht nicht
die wirksamsten Mittel, dieselbe
abzuwenden.

Die gemeinnüblicheren Gegenanstalten
waren bis hieher Magazinirungen,
Taxen, Aufwandsgesetze. Wir haben nicht erst zu untersuchen; ob diese
Mittel folglos waren? man kann es
aus der Erfahrung sicher voraussetzen.
Aber es ist nicht unmöglich, den Grund
anzugeben, warum sie ohne die ab-
gezielte Folge seyn mußten: nämlich,
weil besondere Hülfsmittel, niemals
allgemeine Uebel zu heben, vermögeud
sind. Bey der Theurung in Städten
sind nicht einzelne Theile im Gesichte zu

ha-

haben, nicht entweder die Eßwaren, oder andre Nothwendigkeiten im Preise herabzuſetzen, oder der vielfältige Aufwand in Kleidungen zu beſchränken, es iſt alles dieſes zugleich zu thun.

Die Magazinirung des ganzen Landes iſt ein zu der Größe der Landesbevölkerung ebenmäßiger Vorrath, welcher unmittelbar zu der Lokalwohlfeilheit nichts beyträgt. Es kann nicht geläugnet werden, und man hat vielleicht das Beyſpiel vor Augen, daß, ohngeachtet in einer Provinz ein zu der Nothwendigkeit der Provinzialverzehrung, mehr als zureichender Vorrath vorhanden iſt, gleichwohl in einem Theile, in einer Stadt dieſer Provinz, oft ein fühlbarer

Man-

Mangel könne empfunden werden *) :
Um also der **Lokaltheurung** zu wehren,
muß

---

*) Durch einige Jahre her war das Korn in
Wien sehr hoch im Preise. Die Ursache das
von kann gleichwohl nicht in dem Mangel der
Provinzialerzielung gesucht werden. Der Inn-
halt von Unterösterreich, nach den zuverlässig-
sten Charten kann 750 gevierte Meile, ange-
geben werden. Jede Meile zu 4000 Klafter,
und jedes Joch zu 1600 berechnet, ist die
ganze Oberfläche 7, 500, 000 Joche. Ziehe
man hievon 5 Millionen zu andern Gebrauche
als Kornlande ab, und schlägt man von dem
Ueberreste noch ein Drittheil zu Brachfeldern
weg ; so sind dennoch 1, 666, 666 Joche
Kornlandes, welche zu 9 Metzen in Mittelers
erägniß, nach Abzug der Saat, und Brödtung,
9 Millionen geben, das zehnte Million noch
auf unvorhersehbare Fälle abgeschlagen. Die
Bevölkerung von Unterösterreich aber fodert
nur

muß man auf die **Lokalmagazinirung**
bedacht seyn. Ich verstehe durch die **Lo-
kalmagizinirung** nicht, daß der ver-
hältnißmäßige Vorrath eben an dem Orte
bereit liegen müsse, wo er verzehrt werden soll; es ist genug, wenn er innerhalb
den **Gränzen der Verzehrung** enthal-
ten ist, daß er gleichsam, als mit dem
wirklichen **Lokalvorrathe** beständig in
einem Zusammenflusse stehend, betrachtet,
und durch selben ein mittelmäßiger Markt-

D 3   preis

nur 6, bis 7 Millionen Metzen, für den Kopf
wirklich 8 Metzen, nach dem Rectificationsfusse
gerechnet, welches, Kinder, Alte, und diejenigen, so viel Fleisch verzehren, darunter
gezählt, gewiß zu viel ist. Also giebt die gewöhnliche Ernte in Unterösterreich beynahe ein
Drittheil mehr, als die Verzehrung fodert,
auch waren keine Fehljahre, und über alles ist
auch das angränzende Hungarn Getraidland.

preis bewirkt werden möge. Die Stadt-
magazinirung muß sich übrigens zu der
Bevölkerung der Stadt eben so verhalten, wie die Landmagazinirung zur
Bevölkerung des ganzen Landes.

Ist es nicht ganz unmöglich, so ist es
doch sehr schwer, an einem Orte, wo die
Verzehrung so ungeheuer ist, wenn man
auch die beste Art zu magaziniren an-
nimmt, einen niedrigen Preis der Lebensmittel zu erhalten. Die Zufuhr, die
Eingangsrechte, die Speicher oder
sogenannten Schüttböden, die Kasten-
bewahrer, die gemeinen Tagwerker,
alles ist in einer großen Stadt theurer,
und alles wird natürlich von den Händ-
lern auf das Getreide geschlagen. Also
wird es auch bey den vortrefflichsten An-

stal-

falten, wenigstens noch immer wahr seyn,
der Preis des Getraides, und aller übri=
gen sich darnach richtenden Lebensmittel
sey in der Hauptstadt sehr groß, im Ver=
hältnisse gegen **das offene Land** *). Es
wird also auch immer wahr bleiben, daß
diejenigen, welche daselbst verzehren, ge=
gen diejenigen, die es auf dem offenen
Lande thun, viel **kostbarer** leben. Wenn
daher ihre Verzehrung in die Handlung,
und in die Landesanlagen einfließt; wie

D 4 denn

---

*) Dieser Satz ist sehr wahr, daß es für die
Landwirthschaft das betrübteste Anzeichen seyn
würde, wofern die Lebensmittel in Städten
allzusehr abschlügen. Man würde aus einer
solchen Erscheinung den gänzlichen Unwerth der
landwirthschaftlichen Erzeugnisse schliessen, und
nach der gewöhnlichen Reihe der Begebenhei=
ten, auf die nachfolgenden Jahre, Theurung
zuverläßig voraussagen können.

denn ihr Einfluß in beides nicht mehr
zweifelhaft ist, so wird alle Magazini=
rung es nicht dahin bringen können, daß
die Handlung durch die Verzehrung der
großen Städte nach einem gewissen Maa=
ße nicht erschweret, und eben so die Lan=
desanlagen erhöhet werden.

Bey einer genaueren Untersuchung kann
also, nach der itzigen Lage der Dinge, der
Endzweck der Stadtmagazine nicht so wohl
seyn, einen gewissen Grad der Wohl=
feilheit zu erreichen, als vielmehr nur,
vor einem gewissen Grade der Theu=
rung zu bewahren. Denn der Preis ei=
ner Waare hängt allemal von dem grö=
ßeren oder kleineren Zusammenflusse der
Käufer ab. Nun aber sind die Maga=
zinhalter in der Stadt, wegen der Lokal=
über=

überfüllung der Verzehrenden, von diesem
Zusammenflusse dermassen versichert, daß
sie, ohne Gefahr zu laufen, ihr Vorrath
werde keinen Absatz finden, gewissermassen
immer **Meister des Marktpreißes** bleiben, oder zum Mindesten keine Ursache haben, unter einen gewissen vortheilhaft be-
rechneten Preis herabzusteigen. Wenn die
Zahl der **Verkäufer** schon der Zahl der
Käufer wirklich **gleich** ist, so bleibt die
Wage dennoch auf die Seite der **erstern**
geneigt, weil dem, der verzehren will, der
Ankauf dringend und unverschieblich ist,
der Verkäufer hingegen nicht eben itzt loß-
schlagen muß, sondern eine bequemere Zeit
abwarten kann.

Gäbe man nun wirklich zu, die Magazinirung könne in Ansehung der unent-
behrlichsten Eßwaaren einige Erleichterung

ge-

ge'en , so sind dann noch viele , gleich
nothwendige Bedürfnisse übrig , die
nicht wohl unter dieser oder einer ähnli-
chen Anstalt begriffen werden können. Der
allgemein angenommene Satz, der Preis
aller übrigen Dinge, richte sich nach
dem Brodte , hat nicht anders seine
Richtigkeit, als in so fern unter dem Ausdrucke Brodt, alles dasjenige begriffen
wird, was man mit einem eigentlichern
Ausdrucke , Bedürfnisse des Lebens
nennen kann.

Die Taxirung ist von jeher als ein
Mittel angesehen worden , dem hohen
Preise dieser Bedürfnisse vorzukommen.
Ihre Unzulänglichkeit, in Ansehung der
Hauptstädte , hätte leicht vorausgesehen
werden können.

Die

Die Taxe, welcher diejenigen Bedürf=
nisse unterworfen sind, die unmittelbar
zur Erhaltung des Lebens gehören, muß
beständig also ausgemessen werden, damit
die, welche sich mit solchen Gewerben ab=
geben, einen Gewinn dabey finden, der
sie aufmuntert, dieses Gewerb fortzusetzen.
Setzten Polizeyvorsteher sich über diese
Betrachtung hinweg, um nur den einseiti=
gen Grundsatz der **Wohlfeilheit** im Ge=
sichte zu behalten, so würde bald jeder=
mann sein Gewerb aufgeben, und nie=
mand künftig sich zu einem Geschäffte ent=
schließen, welches an sich unfruchtbar,
und also ohne Anlockung wäre. Statt
der Wohlfeilheit würde also ein gänzlicher
Mangel der Erfolg einer solchen Unbe=
dachtsamkeit seyn. Ist aber die **Taxe**
dahin zu berichtigen, daß dem Verkäufer
ein

ein zureichender Gewinn gelassen werde,
so muß sie nothwendig, mit Rucksicht auf
den **Unterha't** des Gewerbtreibenden,
als den vorzüglichsten Bestandtheil- des
Gewinns, mithin in dem Verhältnisse zu
dem **Preise** der übrigen Bedürfnisse be-
stimmet werden. Die Taxirung in Städten wird daher, gegen die Taxirung des
flachen Landes, immer ungemein groß
ausfallen, und die Theurung, der sie einigermaßen Einhalt zu thun bestimmt ist,
noch vergrößern.

Vielleicht, daß ich dieses nicht genug
auseinander gesetzt habe? Ich will suchen,
mich durch ein Beyspiel deutlicher zu machen. Die **Satzung** eines **Bäckers** in
der Stadt muß erst den **Kornverkauf,**
das **Mahlgeld,** die **Eingangsentrich-**
tun-

tungen, die Hausmüthe, das Holz,
die Geschirrunterhaltung, den Lohn
Bäckerknechte, und seine Gewerban-
lagen, als die Auslagen, dann einen
Gewinn, um davon zu leben, sich, und
seiner Familie Aeßung und Kleidung zu
schaffen, und noch auf unvorhergesehene
Fälle etwas beyseite zu legen, in sich ent-
halten. Daher wird die **Saßung** immer
um so viel größer ausfallen müssen, um
wie viel alle diese Rubriken in der Stadt
höher, als auf dem flachen Lande zu stehen kommen.

Zudem giebt es manche Bedürfnisse,
selbst der **ersten Gattung**, die man unmöglich einer **Taxe** unterwerfen kann.
Hieher gehöret alles das, was wir von
Fremden empfangen, die ihre Preise nach

dem

dem Maaße erhöhen, nach welchem wir
mehr, oder weniger von denselben abhän=
gen. Zu einem Beyspiele mag das Holz
angeführet werden. Es ist beschwerlich,
aber es ist dennoch möglich, das innlän=
dische Holz einer Satzung oder Taxe
zu unterwerfen, weil die Inländer, so
wenig ihnen auch diese Satzung anstünde,
allenfalls durch Zwangmittel angehalten
werden könnten, ihr Holz auf die vorge=
schriebenen Holzplätze zu liefern. Die
Ausländer hingegen, welche die Zwang=
mittel nicht zu fürchten haben, können nur
durch den Gewinn gereizet werden, auf
unsre Holzplätze zu kommen. Die Sa=
tzung ist nun entweder, daß sie ihnen den
gefoderten Gewinn einräumt, und sie
ist überflüßig, weil jeder Handelsmann
seine Waare freywillig überläßt, sobald
ihm

ihm der Preiß ansteht; oder sie erhalten
dasjenige nicht, so sie nach der Größe der
Verzehrung und des Zusammenflusses der
Verkäufer **erwarteten**, und sie ist **ohne
Wirkung**, weil sie sich wohl hüten wer=
den, ihr Holz auf einem solchen Platze
auszusetzen.

Hieher gehören weiter alle **Kunst= und
Handwerkssachen**, wovon zwar ein
großer Theil nicht minder zu den **Bedürf=
nissen** gerechnet werden muß, wo aber ei=
ne größere, oder kleinere Geschicklichkeit,
immer dem Werthe zulegt, oder abzieht.
Ich begreife zwar ganz wohl, wie es mög=
lich war, den Preis eines **Gitters** von
gemeinen Eisenstangen, oder einer **gemei=
nen Bank** u. d. gl. auf so und so viel
fest zu setzen; aber ich begreife nicht, nach
wel=

welchem Maaßstabe man einen **eingeleg-
ten Kaſten** eines Schreiners, die Arbeit eines **Drechslers**, u. d. g. habe
ſchätzen können *). Der ſchlechte Arbeiter
verdienet nicht, gleich dem vortrefflichen
bezahlt zu werden, aber auch der geſchickte
Mann hat es nicht verſchuldet, mit jenem in
eine Reihe geſetzt zu werden. Solche Taxen ſind ſehr dazu geſchickt, die guten Arbeiter in ſchlechte zu verwandeln, und die
ſchlechten immer ſo zu erhalten, wie ſie
ſind.

Vorzüglich aber gehöret hieher die **Miethe der Wohnungen,** die ſchon allein den
Aufenthalt in großen Städten ungemein
vertheuret, die aber, meiner Meynung
nach, unter einer Taxe zu halten, nicht
thunlich iſt.

Es

*) Leopold. Verordn. vom 21, Junii 1689.
Suppl. T. I.

Es sey denn, die Häuser einer Stadt
wären durchaus nach demselben Risse ge-
bauet, und auch das Innere derselben,
die Rothwendigkeiten und Verzierungen
durchaus gleich gehalten, außerdem finde
ich nicht, was bey einer solchen Schätzung
zur **Richtschnur** angenommen werden
könnte. Die Abstufungen sind zu mannig-
fältig, als daß es möglich wäre, die Wohnungen in gewisse Klassen zu bringen. Die
Größe, die **Höhe**, die **Abtheilung**,
das **Licht**, der **Platz**, die innern **Verzierungen**, die **Nebengemächlichkeiten**,
und noch hundert Sachen mehr, legen
dem Werthe einer Wohnung zu, sind aber
auch so unendlich verschieden, und so un-
endlicher Zusammsetzungen fähig, daß
unumgänglich erfodert würde, jede Wohnung insbesondere zu schätzen.

E So

So mühsam eine solche Schätzung an
sich selbst scheinen dürfte, so wäre es möglich, sie gewissermaßen durch eine einzige
Verordnung ins Werk zu stellen, nämlich
eine gewisse Zeit, wo die Miethe im mitt-
leren Preise stand, zum Grunde zu legen,
und die Wohnungen in Zukunft nur so,
wie sie zu dieser Zeit waren, zu vermiethen. Der Preis der verschiedenen Jahre
wäre allenfalls aus den vorhandenen Steu-
erbüchern ausfindig zu machen.

Aber dieser Vorschlag ist aus mehr denn
einer Ursache nicht auszuführen, erstens,
weil jede **Polizeytaxe** der Natur nach
wandelbar seyn, das ist, mit den übrigen Nothwendigkeiten in einem Verhältnisse stehen muß *). Sollte man hievon
die Häuser ausnehmen, so wäre diese Krän-
kung

*) Grundsätze der Pol. ꝛc. §. 246.

kung des Eigenthumrechts zu empfindlich, und würde in kurzem einen Unwerth der Häuser veranlaffen, weil niemand fein Geld auf etwas anzulegen Luft haben würde, wovon ihm nicht vergönnt wäre; gleich andern Bürgern einen verhältnißmäffigen Nutzen zu ziehen: oder sollte auch hier die **Wandelbarkeit** der Taxe beobachtet werden, so fähe man fich in die vorigen Schwierigkeiten der Schätzung verwickelt.

Zweytens, würde es fehr leicht feyn, diese Taxirung zu **vereiteln,** weil doch dem Eigenthümer das Recht, Abänderungen, Verbefferungen, Auszierungen, Verwechslungen vorzunehmen, unbenommen feyn muß; die geringste Aenderung der Wohnung aber, müßte auch eine Veränderung der alten Taxe nach fich ziehen.

E 2   Drit-

Drittens endlich, würde es der Polizey unmöglich werden, über die Festhaltung ihrer Taxe zu wachen. Denn solange die Anfrage nach Wohnungen größer ist, als die Zahl der Wohnungen, die zu vermiethen sind, das ist, so lange der Zusammenfluß auf Seiten der Miethleute bleibt, müssen die Umstände der Hauseigenthümer immer vortheilhafter seyn. Durch scheinbare Verweigerungen, Ansichshaltungen, und dergleichen Kunstgriffe, muß es ihnen leicht seyn, Leuten, die nicht an der Sonne zu Mittag essen, und unter der Sterndecke schlafen wollen, in geheim nachtheiligere Bedingnisse vorzuschreiben, als sie sonst erhalten hätten, weil die Gefahr, verrathen zu werden, mit in Anschlag kömmt. In der That also, würden sie die Wohnungen zwar nicht im Geringsten wohlfeiler verlassen, aber von

dem

dem, daß sie ingeheim über die Taxe von
den Inwohnern zögen, würde der **Steu-**
erantheil verloren gehen.

Noch sind die **Aufwandgeſetze** übrig,
welche das Zutrauen, ſelbſt vieler ein=
ſichtsvoller Schriftſteller, für ſich anführen
können. Um die **Aufwandgeſetze** in dem
ganzen Umfange der Verzehrung wirkſam
zu machen, ſoll die Zahl der **Gerüchte,**
die Zahl der Zimmer, die Zahl der
Dienſtboten beſtimmet, und in Anſehen
der **Kleidung,** der **Kutſchen** und **Pfer-**
de, eine unüberſchreitbare Vorſchrift gege=
ben werden. Die Nachahmungsſucht, -
ſprechen ſie, und mit einigem Rechte, iſt
beynahe die einzige Urſache des unbegränz=
ten Aufwands in Städten, da niemand
geringer als der andre ſcheinen will, läuft

der

der Unvermögendere, dem Reichen nach⸗
zukommen, dieſer verdoppelt ſeine Schritte,
um von jenem nicht eingeholt zu werden,
und beide kommen darüber aus dem O⸗
dem, oder holen ſich zuletzt im Spitale
ein *). Man wünſchet, der Geſetzgeber
möchte jedem, um ſeines eignen Beſten
willen, Bande anlegen, die ihm verwehr⸗
ten, über ein gewiſſes Ziel hinaus zu ſchrei⸗
ten! er möchte ihm die Freyheit benehmen,
mehr aufzuwenden, als wozu ſein Vermö⸗
gen reichet!

Es

*) Plus on aſſemble d'hommes dans
un même lieu, plus les deſirs ſont
vifs, parceque l'envie de ſe diſtin⸗
guer, augmente dans la proportion
du nombre des acteurs, avec qui on
joue un rôle ſur un plus grand Théa⸗
tre. *Intérêt de la France.*

Es kann auch nicht geläugnet werden, daß einige dieser Maaßregeln für den Staat von ungemeinem Nutzen seyn würden, und von diesen zu reden, wird bey folgender Abtheilung die Reihe kommen. Aber **allgemein** zu sprechen, läßt sich davon eben so wenig, als von den ersteren beiden Hülfsmitteln erwarten.

Eigentlich trifft die Einschränkung, welche die Aufwandgesetze verursachen, diejenige Klasse von Bürgern am wenigsten, denen die Theurung in Hauptstädten am meisten beschwerlich fällt, sie trifft vorzüglich nur die Reicheren, als die, bey welchen der Aufwand am größten ist, das heißt, man eilet, demjenigen beyzuspringen, der ein wenig über Kopfschmerzen klaget, und überläßt den, wecher vom Schlagflusse gerühret worden, sich selbst.

Auf

Auf die gemeine Klaſſe der Bürger reicht
die Würkung eines ſolchen Aufwandgeſetzes
nur gleichſam durch einen Gegenſtoß, in
ſofern nämlich der Aufwand der einen ab-
nimmt, vermindert ſich die Anfrage nach
den mancherley Bedürfniſſen, oder welches eben daſſelbe iſt, das Uebergewicht
des Zuſammenfluſſes, welches vorher auf
Seite der Verzehrenden war, ſchlägt
nun auf die Seite der Verkäufer über,
wodurch alles, den unwandelbaren Geſe-
tzen des Zuſammenfluſſes zufolge, im Preiſe herabgeſetzet wird.

Es iſt offenbar, daß eine ſolche Herab-
ſetzung nur auf den Fall erfolgen wird,
wenn die Zahl der Verkäufer, die den
Markt der Hauptſtädte beſuchte, nach dem
Abgange der Käufer ſich noch eben ſo
ſtark erhält, als ſie vorher war. Sollte

te sie hingegen mit den Käufern in gleichem Verhältniffe abnehmen, so würde
elles in seinem vorigen Zustande verblei-
ben, denn, wenn aus gleichstehenden
Wagschaalen gleiches Gewicht genommen
wird, so stehen sie, wie zuvor, gleich.
Nun läßt sich diese Verminderung der Ver-
kaufenden leicht vorhersehen. Nur der
übermäßige Preis war vorhin vermögend, die Handelsleute aus den entfernten Orten nach den Marktplätzen der Hauptstadt zu ziehen, und in ihnen die Luft zu
erwecken, sich den größern Frachtkosten,
und dem Versäumniffe der Zeit zu unterwerfen, nur der versicherte Absatz
konnte zur größeren Erzielung aller Gattungen von Feilschaften ermuntern. Findet nun der von fern herbeykommende
Verkäufer diesen Preis nicht mehr, so

bleibet er we z. Ist die Zuversicht des Absatzes verschwunden, so wird weniger in
allen Gattungen erzielet. Dieser zweyfache
Abgang erhält also alles im vorigen Preise, und das Uebel, ohne in der Stadt
gehoben zu werden, wird nun der Landwirthschaft, und nach Maaß der verminderten Verzehrung, auch der Fabrikatur empfindlich. Denn, wenn eine Verzehrung von Nationalerzeugnissen bestritten
ward, so ist beständig das Maaß der Verzehrung, das Maaß der Erwerbung, und
es ist unmöglich an dem ersten das min-
deste zu rühren, ohne zugleich die Hand an
die Beschäfftigungen, das ist, an die Stü-
ße der Bevölkerung zu legen, von welcher
die Macht und Glückseligkeit des Staats
abhängt.

Das

Das wird beständig die klägliche Wir=
kung aller **Aufwandgesetze** seyn, die auf
etwas anders, als die Verminderung des
fremden Waarenverbrauchs gerichtet
sind. Sittenlehrer, die keine Staatsklu=
ge sind, und Philosophen, welche andern
den Aufwand misgönnen, den sie selbst
zu machen, sich außer Stande sehen, mö=
gen die Häuslichkeit noch so sehr empfeh=
len! der Rei=he **muß überflüßig** verzeh=
ren, damit der Arme in Stand gesetzt wer=
de, die **Nothdurft** zu bestreiten. Die
Begierde **zu erwerben,** ist die Seele des
Fleißes, und die Begierde zu erwerben,
wird durch die Hoffnung, seines Erwor=
benen zu genießen, angefachet.

Ich werde immer wieder auf das näm=
liche zurückgeführet. Könnte das **Auf=**
wandgesetz, von dem Nachtheile, wel=
$\qquad$ chen

chen es von einer Seite über die Bevölkerung bringt , auch wirklich getrennet werden, so würde es dennoch nichts weniger
haben, als die heilsame Wirkung , den
Preis der Bedürfnisse herabzusetzen, das
ist, den Unterhalt der Bürger zu erleichtern. Es würde diese Wirkung, weder in Ansehung des ganzen Staates,
noch in Ansehung der Hauptstadt allein haben.

Nicht in Ansehung des ganzen Staates, auch unabhängig von der Grundbe-
trachtung, welche die Widersacher des
Prachts zu sehr aus den Augen lassen, daß
die Umstände des arbeitenden Bürgers
um nichts verbessert werden , wenn die
Wege des Verdienstes mit den Wegen
des Aufwands in gleichem Verhältnisse

ver-

vertreten sind. Denn die gewünschte Verminderung des Preises läßt sich davon mit keinem Grunde erwarten.

Der Preis einer Sache, der von dem Werthe derselben weit unterschieden, ist der gewisse Theil des im Staate vorhandenen Geldes, welcher einem gewissen Theile der Waaren zusagt*); Und eben darum, weil er aus zwoen gegen einander zu messenden Größen zusammengesetzt ist, so muß er denselben Veränderungen unterliegen, welche im Verhältnisse dieser Größen selbst geschehen können **).

Laßt

*) Esprit des loix L. XXII. Chap. VIII.

**) Der Preis einer jeden Sache hängt ab von dem Verhältnisse zwischen den Lebensmitteln

und

Laßt uns bey den Betrachtungen der Preißsteigerung nur etwas stille stehen, ehe wir die Anwendung auf unsern behandelten Gegenstand machen!

Als die Schätze des **Athualippa** dem kleinen Heere des **Pizzaro** in die Hände fielen, stieg der Preis aller Sachen, die bey dem Truppe verkauft wurden, dergestalt, daß eine **Hose von Tuche** vierzig Pesos galt. Dieses ist gar nicht für diejenigen wunderbar, welche den verschiedenen Erscheinungen des Preises nachgedacht haben. In jedem Staate, und eben so in jeder kleinen getrennten Gesellschaft,

kann

und dem Gelde, jede beträchtliche Abänderung, die mit einem aus beiden vorgehe, ziehe dieselbe Wirkung nach sich, welche darinn besteht, den Preis zu erhöhen, oder zu mindern. Hume politische Abhandl. vom Gelde.

kann die Summe aller Waaren *), als
als auf der **einen**, und die Summe alles
Geldes, auf der **andern** Seite gelegt,
betrachtet werden. Die **numerischen**
Benennungen der Verhältnisse gegeneinan-
der, im **Ganzen** gegen das **Ganze**, und
der **Theile** gegen **Theile** sind gleich, ob
gleich in Ansehung der geometrischen
Größe ein Unterscheid wäre. Wir wollen
die ganze Masse der Waare durch **Hun-**
dert, und eben so durch **Hundert** die ganze Masse des Geldes ausdrücken. Ein
Theil vom Gelde wird also **einem** Theile
von Waaren zusagen, das ist, das Verhältniß der Waare zum Gelde ist 100 zu
100, oder **eins** zu **eins.** Würde die

Masse

---

*) Die Bedeutung Waare, auf alle Bedürf-
niffe ausgedehnt.

Maſſe des Geldes z. B. um 25 vermin=
dert; ſo iſt das Verhältniß 100 zu 75,
oder 4 zu 3 , das heißt, der Preis der
Waare fällt um ein Viertel. Eben
alſo auch umgewendet, wenn die Maſſe
der Waare vermindert wird, welches der
Fall iſt, den wir vor uns haben *), ſo
wird das Verhältniß der Waare zum Gel=
de, wie 100 zu 75 oder 4 zu 3 ſeyn , das
heißt,

*) Ein gleiches geſchiehe auch, wenn die Maſſe
des Geldes z. B. um 25 vermehret wird;
dann iſt das Verhältniß des Geldes zu den
Waaren 125 zu 100, oder 4 zu 5, das iſt,
der Preis ſteigt um ein Fünftheil, oder iſt
die Maſſe der Waare um 25 vermehrt, ſo
fälle der Preis um ein Fünftheil. Hieraus
ungefähr läſt ſich abnehmen, wie ein plötzli=
cher Geldeinfluß Theurung verurſachen könne.
S. die oben angeführte Handlungswiſſenſchaft=
§. 274.

heißt, die Waare wird um ein Viertel im
Preise hinauf steigen.

Anstatt also, daß durch das Aufwands-
gesetz der Unterhalt der Bürger erleichtert
würde, so zeigt sich, daß der Preis der
Bedürfnisse vielmehr gesteigert worden,
weil nämlich auf das Eine gegen Eines
des vorigen Preises, noch die 25 vom
Gelde zu schlagen kommen, welche von
Seite der verminderten Waare ohne Vor-
stellung geblieben sind.

Zieht man nun noch die Sparsamkeit
hierzu, welche eine Vertheurung bey denen
veranlaßt, die nicht in Umständen sind,
die Mittel ihrer Erwerbung zu vervielfältigen, so nimmt die Masse der Waare
noch mehr ab; denn eine Waare, die
keinen Absatz findet, wird ferner nicht mehr

F   ver-

verfertiget, und der Preis der allgemein=
ften Bedürfniffe wird durch fo vielfältige
Verfteigerungen zuleßt der arbeitenden
Klaffe ganz unerſchwinglich. Vergebens
würde man dann den niedrigen Preis durch
Taxirungen der Nothwendigkeiten zu er=
wingen ſuchen; es iſt nicht möglich (ſagt
Montesquieu) durch eine Verord=
nung feſtzuſetzen, daß eines zu zehn
fich wie eines zu zwanzig verhalten
foll. Man wird Taxen ſetzen, aber nie=
mand wird etwas zu kaufen bringen, wo
diefe Taxen anwendbar wären. Julia=
nus, wie eben diefer Schriftfteller aus
dem Sokrates anmerkt, ſtürzte durch
eine ſolche Unvorfichtigkeit Antiochia in
eine erſchreckliche Hungersnoth.

Da

Da ich sagte, die Aufwandgesetze wären auch in Absicht auf die **Hauptstädte allein** kein wirksames Mittel, hatte ich folgende Betrachtung dabey im Gesichte. Es ist unmöglich, Aufwandgesetze für die **Hauptstadt allein** zu geben. Der Aufwand wird also durch den ganzen Staat in **gleichem Maaße** eingeschränkt werden. Nun war nicht eine allgemeine Einschränkung des Aufwands, dasjenige, so man zum Augenmerke hatte, sondern nur eine Verringerung des Aufwandes in **großen Städten,** damit der Preis der Lebensmittel dadurch in ein Ebenmaaß mit dem Preise der Lebensmittel in den **Provinzen** gebracht würde. Weil von gleichen Ursachen nothwendig gleiche Wirkungen zu erwarten sind, so wird die Wohlfeilheit, gesetzt, daß sie wieder die angeführten

Grün-

Gründe folgen könnte, in den Provinzen eben so, wie in der Hauptstadt,
zu erwarten seyn, mithin die verhältniß-
mäßige Theurung der Lebensmittel noch so
gewiß Bestand haben, so gewiß es ist: daß
das Verhältniß 2 zu 6 und 1 zu 3 noch
immer dasselbe bleibt.

Da man also das wahre Mittel immer
verfehlte, so scheint es:

Man habe die Ursache dieser Theurung verkennet, als welche allein darauf führen konnte.

Alles, worauf die hergezählten Anstal-
ten unmittelbar gerichtet waren,
kann aufs höchste als eine Nebenschädlich-
angesehen werden. Der eigentliche Sitz

der

der Theurung in Hauptstädten ist die Ueberladung an Einwohnern. Die Ent-
deckung ist nicht neu; aber, so sind die
Menschen beschaffen, sie können sich nicht
überreden, dasjenige, so vor ihnen liegt,
zu betrachten, und sich an einfachen Ursachen der Begebenheiten genügen zu lassen;
es scheint, es sey für ihren Stolz zu demü-
thigen, so offenbare Verweise ihrer Irr-
thümer zu erkennen, und sie glauben wenigstens, in weit geholten Ursachen ihrer
Fehler mehrere Entschuldigung zu finden,
daß sie solche begangen haben. Ich wie-
derhole es, **die Ueberladung an Einwohnern allein ist die Ursache der
Theurung in Hauptstädten.**

Diese Ueberladung ist ein Zusammenfluß von Verzehrenden, welcher sich

bey

bey allen Theilen der menschlichen Bedürfnisse gleich stark ereignet, und dadurch die **Verkäufer** oder diejenigen, welche diese Bedürfnisse anbieten können, in die Umstände setzt, an sich zu halten, in der Gewißheit, das **Ganze** der gegenwärtigen Bedürfnisse übersteige das Ganze des gegenwärtigen **Vorraths** beträchtlich; es müßen daher diejenigen, welche diese Bedürfnisse vor andern an sich zu bringen Willens wären, sich des Vorzugs durch das Anerbieten eines beßern Preises zu versichern trachten.

Es ist mir erlaubt hier kurz zu seyn, und mich auf dasjenige zu beziehen, was ich vom **Zusammenflusse** in einer eigenen Abhandlung ausgeführt habe.

In=

Inzwischen kömmt dieser Zusammenfluß
der Verzehrung gleichwohl auch nicht von
der einzigen **wahrhaften** Menge der verzehrenden her. Die Städter haben das
Mittel gefunden, sich gewissermaßen zu
vervielfältigen, und einer für zehn, für
hundert zu verzehren. Man kann also den
Zusammenfluß der Käufer in einen
wahrhaften untertheilen; wenn nämlich
eine **gewisse Menge Menschen** wahr-
haft eine **gewisse Menge Nothwendigkeiten** fodert; und in einen **idealen,**
wenn **wenige Menschen für viele** Foderungen machen. Beide verursachen zwar
eine gleich große **Anfrage** nach einer
Waare, oder einem Bedürfnisse, beide
sind also auch unmittelbare Ursachen der
Vertheurung, aber mit diesem Unterschei-

F 4 de,

de, daß die Käufer bey dem wahren Zu=
sammenflusse sich in bedrängteren Um=
ständen befinden, weil ihre Anfrage,
unter was immer für Bedüngnissen, be=
friediget werden muß, die Käufer bey
dem idealen Zusammenflusse hingegen,
wenn ihnen die Bedingnisse nicht anstehen,
ihre Anfrage bis auf einen gewissen Punkt
zu vermindern, die Freyheit haben.

Diese Anmerkung kann uns von einer
Wahrheit überzeugen, nämlich, gewisse Ne=
bengesetze möchten allenfalls den idealen
Zusammenfluß zu vermindern taugen, weil
die Bedürfnisse der Einbildung unbefriedi=
get bleiben können. Aber der wahre Zu=
sammenfluß, der sich auf die Nothwen=
digkeit gründet, wird allemal nach dem
Maaße unvermindert bleiben, nachdem die

An=

Anzahl der Verzehrenden unvermindert bleibt. Es ist also noch immer ein allgemein wirksames Mittel nothwendig, und ich bin endlich darauf gekommen zu untersuchen:

Welches dasselbe seyn möchte?

Dieses ist ohne Zweifel der Ort, an dem ich hauptsächlich erwartet worden. Unfähig mir selbst zu schmeicheln, sehe ich vorher, mein Vorschlag werde nicht sobald, er werde vielleicht nie irgendwo in Ausübung gebracht werden, und eben sowohl sehe ich vor, er werde auch nur bey sehr wenigen Beyfall finden. Ich antworte mir hierauf, ein Vorschlag könne darum immer noch mit vielem Grunde gemacht seyn, ob er gleich keinen Beyfall findet, und niemals in Ausübung gebracht wird, da zu vielen daran liegt, seine Ausübung

zu

zu verhindern. Das ist vielleicht der Fall
des folgenden Vorschlags, der weiter
nichts, als die ganz einfache Anwendung
der Grundsätze des Zusammenflusses enthält *).

„ Da es nur bey sehr wenigen Gegen-
„ ständen in der Gewalt des Gesetzgebers
„ steht, die **Menge** derjenigen zu ver-
„ mehren, welche der übergroßen Bevöl-
„ kerung der Städte die Bedürfnisse
„ liefern, so müßte man sich angelegen
„ seyn lassen, diese **Bevölkerung in**
„ **den Städten** selbst zu vermindern, und
„ also die Zahl der **Bedürfenden** gegen
„ die Menge der **Bedürfnisse** in ein vor-
„ theilhaftes Gleichgewicht zu setzen. „

Um

*) Das Ende der Abhandlung vom Zusammen-
fluß.

Um diesen Vorschlag anzuwenden, wird
es nothwendig seyn, die überflüßigen Thei=
le auszuzeichnen, welche die Hand des
Gesetzgebers zu einer so heilsamen Verrich=
tung zulassen, und vorzüglich einladen.
Dieses wird mich darauf führen, den Scha=
den, den ihre gegenwärtige Stellung ver=
ursachet, gegen die Vortheile, welche dem
Staate durch diejenigen zuwachsen können,
die er ihnen nunmehr anweisen würde, ab=
zuwiegen.

Ich habe eine Gewohnheit der ehemali=
gen Regenten Deutschlandes beständig be=
wundert, an welcher andre vieles auszu=
setzen finden, die alles nur nach dem Ab=
stande, in dem es sich den heutigen Sitten
nähert, oder sich davon entfernet, mit ih=
rem Beyfalle beehren; die Gewohnheit,
nämlich, die Provinzen ihres Staates
durch=

durchzureisen, die Abgaben allda zu heben,
daselbst ihre Lehn = und Gerichtshöfe
zu halten; und ich kann nicht umhin, zu
wünschen, daß es möglich wäre, diese Art
von **wandernden Hoflagern** wieder
einzuführen, die ich als einen feinen Kunst=
griff ansehe, die Provinzen in gleichem
Ueberflusse, und den Umlauf des Geldes
und der Waaren in einem beständigen
Gleichgewichte zu erhalten. Der längere
Aufenthalt des Hofes in den Provin=
zen, den die Abthuung so vieler Rechts= und
Lehenstreitigkeiten nothwendig machte, gab
Gelegenheit, dasjenige Geld jeder Provinz
durch die Verzehrung größten Theils wieder
zu geben, das anfänglich aus selber erhoben
worden. Die rechtenden Partheyen sahen
sich nicht gezwungen, zu Beylegung ihrer
Rechtsangelegenheiten, Jahre lang von

ih=

ihren Familien abwesend zu seyn, und die
Theurung eines Aufenthalts zu vermehren,
die ihnen am meisten empfindlich fiel. Die
Ergötzlichkeiten des Hofes zogen die Be=
sitzer der Güter nicht vorzüglich an den
Hof , oder zogen sie dieselben auch dahin,
so kam die Reihe , von der Verzehrung
derselben Vortheil zu ziehen, an alle Pro=
vinzen, weil die Ergötzlichkeiten mit dem
Regenten die Provinzen zugleich durchwan=
derten. Aber es hatte niemand einen Be=
weggrund, dem Fürsten nachzuziehen, weil
man ihm in seiner Provinz, und gleich=
sam zu Hause die schuldige Ehrfurcht zu
bezeugen, Gelegenheit haben würde. Zu
diesen Wohlthaten der wandernden Hof=
lager bin ich versucht, noch eine andere
zu zählen, die wenigstens dem Regenten
leicht war , damit zu vereinbaren ,
nämlich, daß er auf solche Weise persön=
lich ·

lich gleichsam eine jährliche Nachsuchung
über die Verwaltung der Güter halten
konnte, daß die Furcht, dem Auge des
Herren zu misfallen, oder die Hoffnung,
seine Belobung zu verdienen, aus den E-
belleuten gute Landwirthe machen, und ihre Unterthanen gegen alle eigenmächtige
Bedrückungen beschützen mußte, weil die
Gelegenheit, ihre Klagen zu den Ohren
des Fürsten erschallen zu lassen, ihnen nicht
mangeln konnte.

Aber man verliert sich umsonst in
schönen Aussichten, die für die gegenwärtigen Zeiten bloß ein Geschöpf der Einbildung bleiben werden. Man würde glücklich seyn, wenn man die **beständigen
Wohnplätze** der Landesfürsten, von dem
Haufen der Verzehrenden befreyen könnte,
die man so leicht daselbst entbehret.

Der

Der Ueberlauf der Rechtſtreitigen, der als eine Folge der Höfe am erſten in die Augen fällt, wird durch die oberſten Gerichtſtellen in die Hauptſtädte gezogen. Ihr Aufenthalt daſelbſt, ſo durch die ver= längernden Förmlichkeiten der Gerichte ſo ſehr verewiget wird, iſt zwar nicht will= führlich, aber er iſt darum nicht weniger beträchtlich.

Die Entſcheidungen der Proceſſe können den Provinzialgerichtsſtellen überlaſſen, und dadurch dieſem Anlaufe ziemlich gewehret werden. Wenigſtens könnte man die Beru= fung an die höchſten Stellen, nur in Sa= chen von ſehr großer Wichtigkeit, ſtatt fin= den laſſen. Dieſes iſt ungefähr in den öſter= reichiſchen Provinzen eingeführt; der **Zug** des Prozeſſes geht von der **unterſten** und **erſten Inſtanz** zur Appellation, und wenn

der

der Spruch ldieſer zwoen Stellen gleich
ausfällt, iſt alle weitere Berufung un-
terſaget.

Und im Falle der weiterenBerufung ſollte
die perſönlicheGegenwart derParthey
nicht zugelaſſen werden, weil ſie bey einer
unparthcyiſchen Rechtsverwaltung, wo auf
die mündlichen Vorſtellungen und Erörte-
rungen kein Bedacht genommen werden
darf, überflüßig iſt.

Noch leichter aber wäre es, die Gna-
den-oder Dienſtwerber in ihren Provinzen zu erhalten, weil hier abermal die
Perſon zum erwünſchteren Ausſchlage
nichts beyträgt, oder wenigſtens nichts
beytragen ſoll. Das war wohl eigentlich die erſte Urſache der eingeführten Hof-
agen-

agenten, welche, wenn ihren Forderungen
billige Gränzen gesetzt werden, die Gegenwart des Dienstwerbers unnöthig machen. In beiden Fällen würde ein Ver-
bot, den gewöhnlichen Aufenthalt, ohne
vorher erhaltene Genehmhaltung des Fürsten, zu verlassen, die Sache gänzlich heben.

Die **verschiedenen** Provinzen, aus
welchen die österreichischen Staaten bestehen, haben jede ihre obersten **Gerichts-
stellen**, und **Landesgubernien.** Die
Vortheile dieser Provinzialstellen verdienen
auseinander gesetzt zu werden. Die Bey-
sitzer derselben sind gemeiniglich vom Adel
des Landes, oder doch sehr bemittelte Per-
sonen; ihre **Privateinkünfte** bleiben also in der Provinz, und selbst ein Theil

G der

der **Landesabgaben** kömmt durch die
Besoldungen wieder dahin zurück, die
sie aus den **Staatskassen** empfangen.
Die Hoffnung, bey diesen Stellen Aemter
zu erlangen, und die Nothwendigkeit, sich
die Geschäffte bekannt zu machen, hält eben=
falls einen Theil des Adels in der Pro=
vinz zurücke; dieser **Zusammenfluß** end=
lich, der den Ort, wo dergleichen Stel=
len errichtet sind, zu **Provinzialhaupt=
städten** erhebt, und daselbst eine größere
Verzehrung, eine Art von Pracht einführet,
verschafft dem umliegenden flachen Lande
einen belebenden Absatz, welcher die Er=
zielung der Landwirthschaft ermuntert.
Solche **Provinzialstädte** und jede anderen
Mittelstädte halten also den Anlauf von
den **Hauptlandesstädten** ab, und sind
als

als so viele **Mittelpunkte der Verzeh-**
rung anzusehen, welche zur gleichförmigen
Untertheilung der kreislaufenden Masse
glücklich beytragen; nur müssen sie zuletzt
nicht selbst das Verhältniß in Ansehen der
Provinzialbevölkerung auf eben die
Art stöhren, wie es die **Hauptstädte** in
Ansehen der Staatsbevölkerung thun.

Die **Edelleute** von der untersten Stu-
fe, bis zu der höchsten, verlassen ihre Güter in den Provinzen, um an den Ergötzlichkeiten der Hauptstädte Theil zu nehmen.
Ihre **Abwesenheit** dort, und ihre Gegenwart hier, ist gleich schädlich.

Ihre **Abwesenheit** mag vielleicht eine
von den Grundursachen der übel bestellten
Landwirthschaft seyn; dieselbe ist ganz

und

und gar Miethlingen übergeben, die ſich
die möglichen Verbeſſerungen oft ſehr wenig angelegen ſeyn laſſen, oft auch die
Verbeſſerungen, welche ein Gut überhaupt,
oder unter dieſen und anderen Umſtänden
verlangt, nicht einſehen. Dadurch will ich
eben nicht behaupten, daß die Einſicht des
Eigenthümers immer ſtärker iſt, als die
Einſicht ſeines Beamten; aber auch daran, daß ſie es nicht iſt, hat dieſe beſtän-
dige Abweſenheit alle Schuld. Der we-
nigſte Theil der Grundbeſitzer kann bey ſeinem adelichen Worte die Betheurung von
ſich geben, er ſey ſeine Gründe nur einmal in ſeinem Leben ganz umgegangen, es
wäre denn der Jagd wegen geſchehen. Den
meiſten ſind die einfachſten Wörter, ich
will alſo nicht ſagen, Werkzeuge, oder Arbeiten der Landwirthſchaft, unbekannt;
daher ſind ſie auch die Fahrläßigkeit ihrer

Beam-

Beamten nie im Stande, weder einzuse=
hen, noch zu ahnden; ihre Rechnungen
sind für sie unbekannte Länder.

Ihre Abwesenheit setzet dann auch noch
die Unterthanen den Bedrückungen uner=
bittlicher Beamten aus, die sehr oft, un=
ter dem Vorwande des Diensteifers, einen
Rückständner zu Grunde richten , und
in dem Ganzen der Abgabe viele **Abgänge**
verursachen. Das Auge des Herrn wür=
de dawider ihr Schutz und Bewahrer seyn.
Er hätte das Recht und Gefühl, einem
nicht nachläßigen Landwirthe nachzusehen,
und einen nachläßigen durch wohl ange=
brachte Strenge nur zu rechte zu weisen,
ánstatt, daß der Beamte denselben **abge=**
stiftet *) haben würde.

G 3 Ih=

*) Ein Ausdruck, der hier zu Lande sagt, je=
manden seines Grundes entsetzen.

Ihre Abwesenheit entblößt die Güter auch von baarem Gelde, welches ihnen nach der Stadt gesendet werden muß, wo es unebenmäßig gehäuft wird *), und nie wieder zurückkömmt, weil sie auf ihren Landgütern nichts verzehren. Zu welchem allen man noch rechnen muß, daß so viele Schlösser und Gebäude unbewohnt bleiben, die für das Land ganz verlornes Erbreich sind.

Ihre Anwesenheit in der Stadt schadet durch die, nach dem Umfange ihrer

Ver=

*) Man sehe die oben gemachte Betrachtung vom Preise. Es ist hier eine zu weitführende Zergliederung, wie der Ueberfluß des Geldes an einem Orte den Preis der Waaren erhöht; S. Säße der Pol. Handl. und Finanz. zweyten Band, im Abschnitte vom Kreislauf des Geldes.

Verzehrung, verurſachte Steigerung aller
Bedürfniſſe, der **Wohnung**, des **Hol-**
zes, der mancherley **Eßwaaren**, u. d. g.
oder, wofern einige unter ihnen von
ſelbſterzielten **Naturalien** Gebrauch
machen, ſo fällt ihre Lieferung entweder
durch **Frohnen** der Landwirthſchaft zur
Laſt, oder auch die **bezahlten** Fuhren ſind
ſo viele der Landwirthſchaft geraubte Tag-
werke.

Ein andrer **Weg**, als durch **landes-**
fürſtliche Verordnung ſie von den
Hauptſtädten zu entfernen, läßt ſich ſo
leicht nicht ausfindig machen. **Jakob I.**
Eliſabeth, und der unglückliche **Karl**,
haben Verordnungen ergehen laſſen; welche dem großen und kleinen Abel, ohne
Geſchäffte ſich in London aufzuhalten, un-

G 4 ter-

terſagten, und ihm befahlen, ſich auf ſei=
ne Landgüter zu begeben *). Auch in
Frankreich hatte man einſt darauf ange=
tragen, zur Sommerszeit, alle Höflinge
auf ihre Landgüter zu ſenden, und keinem
mit irgend etwas zu begnädigen, als nach
ſeiner Wiederkunft **). Nach dieſen Bey=
ſpielen legte alſo eine Verordnung den unbe=
dienſteten Eigenthümern der Landgüter auf,
ihre Wohnungen daſelbſt beſtändig aufzu=
ſchlagen, und erlaubte ihre Gegenwart am
Hofe

---

*) Hume Geſchichte des Hauſes Stuart II. B.

**) C'étoit une des vues politiques de
M. le Dauphin de Bourgogne, de
renvoier dans cette Saiſon tous les
courtiſans à leurs terres, & de ne
donner aucune grace, à aucun cour-
tiſan, qu'à leur retour. S. Pierre Ouvr.
pol. T. IV. N. V.

Hofe nicht länger, als jährlich auf einige
Wochen, welche zureichen würden, so wohl
zu den Ehrerbietigkeitsbezeugungen, die sie
sich verpflichtet halten, ihrem Regenten zu
erweisen, als auch, um ihr Andenken bey
ihm zu erneuern.

Hätten sie mehrere entlegene Güter, besonders in verschiedenen Provinzen, so
würden sie wechselweise, einige Zeit in
dieser, eine andere in jener Provinz zuzu-
bringen haben. Insbesondere aber würden angehende Eigenthümer dazu anzuhal-
ten seyn, daß sie, ehe sie an den Hof kä-
men, und in seine Dienste träten, zuvor
ihre Landgüter, sowohl den physikalischen
als moralischen Umständen nach, kennen
lernten, wozu ihr längerer, unausgesetz-
ter Aufenthalt daselbst, der einzige Weg
ist.

G 5   Der

Der Nutzen dieser ländlichen Residen-
zen, wie ich versucht bin, sie zu nennen,
ist von einem Umfange, der sich beynahe
nicht ganz übersehen läßt, und welchen ich
auf einmal damit zusammenfassen will,
daß dadurch der Knoten zwischen Herrn
und Unterthan enger zusammgezogen, und
alle die Unanständigkeiten durch ihr Da-
se.yn gehoben würden, die ihre Abwesenheit, sowohl ihrem eignen Vermögen, als
auch ihren Unterthanen verursacht.

Es ist außerdem gewiß, daß die Landwirthschaft durch die Einsicht solcher Leute
hauptsächlich gebessert werden kann, denen
die Erziehung den Geist gebildet, und alle
die Nebenkänntnisse verschafft hat, welche
zur Verbesserung der Ländereyen vieles
beytragen, als der Naturlehre, Me-
chanik u. d. g. England verdankt seine

auf

auf einen so hohen Punkt gebrachte Landwirthschaft, dem **Milord Thowshend**,
dessen ländlicher Aufenthalt solche glückli-
che Folgen nach sich gezogen hat. Durch
seine Sorgfalt (sagt der Verfasser der
Anfangsgründe der Handlung) er-
richtete er Pachtgüter in der Mitte
sonst öder Heyden, Viehweiden ver-
änderte er in fruchtbare Felder, welche er mit lebendigen Hecken umzäun-
te, und dieses in Gegenden, wo
man bis auf ihn, den Boden zu
undankbar hielt, die geringste Arbeit zu belohnen.

Darinnen bestehet der beneidenswürdige
Vorzug des Adels, daß er mehr als jeder andre Stand in allen Arten Gelegenheit hat, sich
den

den Ueberreſt ſeiner Mitbürger verbindlich
zu machen.

Aber auch noch derjenige, den dieſer
Vorzug nicht lebhaft genug rühren würde,
ſähe ſich, als an einem einzelnen Orte unbe=
ſchäfftigt, beynahe in die Nothwendigkeit
verſetzet, die Landwirdſchaft zu ſeinem Er=
götzungsgeſchäffte zu machen. Iſt nun ein=
mal der Grund dazu gelegt, ſo zieht die
Annehmlichkeit derſelben, und der damit
verknüpfte Vortheil, ſo ſehr an ſich, daß
nur wenige ihr jemals wieder zu entſagen,
den Entſchluß faſſen würden. Das Bey=
ſpiel des Adels würde dann auch andre
Bürger von einer gewiſſen Klaſſe dahin zie=
hen, und auf dieſe Weiſe würde man bald
den Stand des Landwirths, von dem ver=
verworfenſten, wie er dermalen iſt, ſich
zu derjenigen Achtung wieder empor heben

ſe=

ſehen, in deren Beſitz er einſt geſtanden,
und worauf der allgemeine Ernährer
vor andern den gegründeſten Anſpruch hat.

Was aber hieher am eigentlichſten gehöret, iſt dieſes, die Stadt wäre von einer, ihr überläſtigen Verzehrung befreyet,
dahingegen dieſe Verzehrung an einen Ort
geleitet würde, wo die Lebensmittel, aus
Mangel des Abſatzes, ſonſt in einem gänzlichen Unwerthe ſind, und daher beynahe gar nicht erzielet werden. Die Gegenwart des Eigenthümers würde alles be-
leben , die Hoffnung des Abſatzes den
Fleiß auffordern, und der wirkliche Abſatz
ihn belohnen. Der Umtrieb des Geldes,
ſo man nun daſelbſt verzehrte, würde leb-
hafter, und der gemeine Landwirth nicht
nur in Umſtände verſetzet werden, ſeine
Anlagen leichter zu entrichten, ſondern,
er

er würde auch überhaupt zu besseren Kräften
gelangen, in dem Feldbaue Verbesserun-
gen vorzunehmen, davon der Vortheil immer auf das Ganze des Staats mit zu-
rückfällt.

Die **Verminderung** des **Dienſtgeſindes** würde der Entfernung eines ſo
großen Theils des Adels beynahe von
ſelbſt auf dem Fuße nachfolgen. Der Beweggrund, der die Städte mit dieſem
Theile Menſchen überladet, die hier ganz
unnütze, aber bey dem Feldbaue, und
Handwerken abgängig ſind, der Beweggrund der **Eitelkeit, Unterſcheidungs-
begierde,** und **Nachahmungsſucht,**
fällt auf dem Lande ganz und gar hinweg.
Es würde nie jemand verſucht werden,
ſich Leute zu bezahlen, damit ſie ihm durch

ihre

ihre Gegenwart unbequem fallen. Wä=
ren die Dienſte des Geſindes vermindert,
ſo würde der Zuſammenfluß ihre Foderun=
gen von ſelbſt herabſetzen. Was aber
durch dieſen Weg nicht zu Stande gebracht
würde, daran könnte endlich das Geſetz *)
welches die Zahl des Dienſtgeſindes und
eine Taxe feſt ſetzte, die letzte Hand an=
legen.

Dieſelben Betrachtungen, die von den
Eigenthümern der Landgüter gemacht
worden, bieten ſich in catholiſchen Staa=
ten von ſelbſt auch von den Klöſtern an,
deren Localſtellungen in Hauptſtädten ſo=
wohl dem Allgemeinen, als ihnen ſelbſt
ſehr unvortheilhaft iſt. Die Lebensmit=
tel,

---

*) Sieh oben S. 26 vom Anfange u. Hand=
lungswiſſ. §. 36.

tel, das Holz, die Wohnung sind die
hauptsächlichsten Rubriken, welche durch
sie vertheuert werden. Ich will nur einen
einzigen Blick auf das letzte unter diesen
Bedürfnissen werfen.

Männer *), denen die gewählte Lebensart alle Erholungen der Weltmenschen un-
tersagt, denen es nicht ansteht, sich unter
den Haufen zu mengen, um frische Luft
zu schöpfen, oder einen Lustgang zu thun,
die zu einer Zeit, da es uns frey stehet,
nach unsrer Willkühr auszugehen, unter
der Klausur gehalten werden; solche Männer können weder enge wohnen, noch ge-
wisser Bequemlichkeiten entrathen, welche
zur Erhaltung der Gesundheit, besonders
für diejenigen unentbehrlich sind, die sich

einer

*) Alles dieses hat eine noch stärkere Anwen-
dung auf die Frauenklöster.

einer ſitzenden Lebensart ergeben haben.
Daher auch iſt ihr Umfang immer ſehr
weitläuftig, ihre Speiſeſäle, Gänge, und
andre zur Verſchönerung ſowohl als zum
Nutzen gewidmeten Derter, ihre mit den Klö=
ſtern vereinigten Wirthſchaftsgebäude, und
großen Gärten, nehmen einen ungeheuren
Platz ein, und erhalten in der Mitte einer
überfüllten Stadt unnütze **Leeren**, in An=
ſehung derer alle übrigen Einwohner ge=
drängter zu wohnen gezwungen ſind.

Dieſe Gemächlichkeiten würden auf dem
flachen Lande, in Abſicht auf das Ganze,
unſchädlich, die reinere Luft des Landes
aber, ihrer Geſundheit, und die Wohl=
feilheit der Lebensmittel ihrem Wirth=
ſchaftsſtande zuträglicher ſeyn. Die Ge=
gend, welche ſich ein Kloſter zu ſeinem
Aufenthalte auserſähe, wird ſeine dahin=

verlegung, auch dem Zeitlichen nach, als
eine Wohlthat des Himmels ansehen, weil
seine Verzehrung dem ganzen Bezirke belebenden Absatz, und Ermunterung zu meh-
rerer Erzielung geben würde.

Ich will die Vortheile einer solchen
Versetzung nicht so weit verfolgen, als
es möglich ist, ich will den Nutzen übergehen, den man zur Bildung und Unterricht der Jugend und des Landvolkes von
Männern ziehen könnte, die weniger, als
andre beschäfftigt, sich die Gelegenheit
nicht würden entgehen lassen, der Mensch-
heit und dem Staate einen so wichtigen
Dienst zu leisten. Ich will nur noch dieses anmerken, vorausgesetzt, daß die Zahl
derjenigen in der Stadt erhalten werde,
welche der Dienst des Altars und der
Seelsorge fodern dürften, so wird durch
ihre Verpflanzung auf das Land der Religion

gion nicht im geringſten zu nahe getretten;
denn, in was auch immer für einem Verhältniſſe ſie mit derſelben ſtehen mögen,
ſo iſt es kein Lokalverhältniß, der Ort
ihres Aufenthalts an ſich ſelbſt iſt gleichgültig; ſie werden, wo ſie immer ſeyn, dem
Herrn lobſingen, und durch Beyſpiele der
Tugend erbauen können.

Die Uebertragung der hohen Schulen,
von der Hauptſtadt, in eine der Land-
ſtädte, nach dem Beyſpiele von England,
Venedig, Preußen, Sachſen, und andrer
Reiche mehr, würde gleichfalls zur Verringerung der Verzehrenden beytragen können. Und ſind auch einige Betrachtungen, die man allenfalls einem ſolchen Vor-
ſchlage entgegen ſetzen könnte, ſo werden
ſie gegen hundert Vortheile, welche davon
erwartet werden dürften, verſchwinden.

Eine

Eine hohe Schule zieht die studirende
Jugend aus ganzen Provinzen herbey, und
ihre Verzehrung vermehrt nothwendiger
Weise die Theurung eben so natürlich, wie
einige Pfunde mehr der Schwere eines
Centners beylegen, anstatt, daß, in dem
Falle, daß die hohe Schule in eine der klei-
nen Städte verwiesen würde, man durch
Versendung der Jugend auf dieselbe, so
gar die gewöhnliche Zahl der Verzehren-
den vermindern würde. Die Bedürfnisse
der Studirenden sind die Bedürfnisse aller
übrigen Bürger, Eßwaren, Holz,
Wohnung, Kleidung. Es muß ohne
Zweifel den vermöglichern Einwohnern der
Hauptstadt weniger schwer fallen, ihre
Söhne auf eine Universität zu senden, wo
der Unterhalt derselben nur um eine Mit-
telmäßiges zu stehen kömmt, als es den
Be-

Bewohnern der Provinz fällt, die ihrigen
nach der Hauptstadt zu bringen, wo die
Koſten ſo übermäßig ſind.

Die Bezahlung der **öffentlichen Lehrer**, ſie mögen nun von dem **Staate**
bezahlt werden, welches ohne Zweifel aus
mehr denn einer Urſache vorzuziehen iſt,
oder, ſie mögen von ihren Zuhörern ſoge-
nannte **Honoraria** ziehen, muß verhält-
nißweiſe, immer in der **Hauptſtadt** größer, als in der Provinz ſeyn. Alſo wird
im erſten Falle, die Verſetzung den **Aufwand des Staats**, im andern wenigſtens den Aufwand der Aeltern, ſehr vermindern.

H 3   **Ein**

Ein andrer Vortheil ist die Vermei-
dung der häufigen Zerstreuungen *)
welche dem Fortgange der Studien in den
Hauptstädten entgegen stehen, und vielleicht an der bedaurenswürdigen Verlänge-
rung der akademischen Jahre, großen theils
Schuld sind. Und ein vielleicht nicht klei-
nerer, wenigstens für das Land be-
trächtlicher Vortheil, ist dieser, daß diejenige

---

*) Er hielt Athen unschicklich, und wenig zur
Erlernung der Weltweisheit bequem; den nir-
gend hängt man der Verschwendung mehr
nach, die Athenienser sind sämmtlich Spötter
und Verläumder, mehr der Bosheit, als der
Weisheit zugethan; er führte also seinen Lehrer nach Argos, einem nahe gelegenem Flecken,
wo mehrere Ruhe für den Studirenden, und
Beschäfftigungen, so der Jugend anständiger,
waren. Leben des Apoll. Thyan. 1. B. 7.
H. beym. Philostr.

nige Stadt, welche von einem Landesfürsten zum Sitze der Wiffenschaften auser-
sehen worden, durch den Zuwachs der
Nahrung aus einem unbedeutenden, bald
zu einem blühenden Orte wird erhoben
werden.

„ Aber, sagt man, die Verlegung der
„ Univerfitäten an einen von der Haupt-
„ stadt entfernten Ort, wird in Ansehung
„ der Fremden, welche sonst in das Land
„ kommen, und daselbst ihr Geld verzeh-
„ ren, ungünstig seyn. Dann wird diese
„ Entfernung auch der Bildung der Ju-
„ gend, in Ansehung des Weltgebrauchs
„ und des Umgangs entgegen stehen. Weil
„ es ihnen an einem kleinen Orte an an-
„ dern Mustern, nach denen sie sich mo-
„ deln könnten, gebricht, so nehmen sie
„ von ihren Lehrern ein gewisses steifes
„ und gezwungnes Wesen an sich, wel-
„ ches

„ ches , bey jedem Schritte den Gelehr=
„ ten verräth, der vielleicht auf dem Lehr=
„ stuhle ganz wohl läßt, aber im Umgan=
„ gange eine erbärmliche Figur machet.„

Es ist nicht schwer auf beides zu ant=
worten. Man vermengt die Sache sehr,
wenn man den Ort unter die Anlockungen
setzet , durch welche Ausländer gereizet
werden, eine hohe Schule der andern vor=
zuziehen. Das war gewiß nicht , um der
Hofstatt und des artigen Umgangs wegen,
daß ehemals so viele tausend Jünglinge in
Halle zusammflossen. Ein Wolf, ein
Baumgarten, ein Gellert werden Hee=
re der Studirenden auf ein Dorf nach
sich ziehen, da ihre Antipoden mitten in
einer Hauptstadt den Wänden, und leeren
Bänken vortragen werden. Diejenigen,
welche reisen, um die Sitten der Völker

zu kennen, thun dies nicht auf hohen
Schulen, denen ihre Reise weiter nichts, als
einen Besuch im Vorbeygehen gelten kann.
Bibliotheken, Alterthumssammlungen, Na-
turalienkabinette, Bildergalerien, ein glän-
zender Hof, der Ruhm gelehrter Männer
und großer Künstler, prächtige Schauspiele,
kostbare Gebäude u. d. g. werden sie mehr
als Disputationen locken. Diejenigen hin-
gen, welche der Wissenschaften wegen reisen, haben mit der Hauptstadt nichts zu
schaffen. Ueberhaupt auch ist dieser Vortheil, in so fern er wirklich zu erwarten
wäre, unbeträchtlich, und bloß bittweise
bestehend, heute zu tage besonders, da jedes Reich seine eignen hohen Schulen errichtet, und seinen Unterthanen anderswo
zu studiren, nicht erlaubet.

Ich bin ferner nicht überzeugt, daß diese
Steife, und der sogenannte Pedantismus

eben ein wesentlicher Bestandtheil eines
Lehrers und Gelehrten seyn müsse. Es ist
der Empfehlung der Wissenschaften, und
ihrer Lehrer so gar, nichts so sehr entgegen, als diese ewige Amtsmine, welche
zwar einen Lehrer nicht weniger, als einen
jeden andern Mann im Amte verunzieret,
und dennoch unter allen Ständen nur zu
oft gefunden wird. Hätte man also wirklich einem großen Theile der akademischen
Glieder, Mangel der Geschmeidigkeit und
eines liebenswürdigen Umgangs mit Rechte vorzuwerfen, so würde man, ohne äu-
ßerst ungerecht zu seyn, doch nicht behaupten können, daß es einen Wiederspruch
enthalte, zugleich gelehrt, und ein artiger
Mann zu seyn, man wird nicht läugnen,
daß es viele unter denselben giebt, die
nicht weniger auf dem Lehrstuhle gründlich,
als verbindlich in der Gesellschaft sind,

und

und auch ohne den Schulstaub aus ihren
Falten zu schütteln, darinnen ihren Platz
mit Ehre zu behaupten wissen. Es käme
also allenfalls darauf an, in den Beförde=
rungen zu den akademischen Würden nicht
bloß den **Facultätslorbeer,** sondern
auch diese äußerlichen Eigenschaften des
liebenswürdigen Mannes zu fodern, mit=
hin der studirenden Jugend Männer vor=
zustellen, die tauglich sind, in dem einen
Führer, in dem andern Beyspiele zu seyn,
wofern man anders dafür hält, die Jah=
re der Schulen wären zugleich der Bil=
dung des Umgangs gewidmet, und nicht
mit mehrerem Grunde, diese Bildung ei=
nes Weltmannes, erst von der Zeit und
dem vielen Umgange selbst erwarten will.

Folgende Betrachtung gegen die Verse=
tzung der Universitäten ist von mehreren

Se=

Gewichte; der Mangel der Krankenhäus
häuser auf dem Lande würde doch das Arz=
neystudium sehr unvollkommen lassen, weil
die Leibärzte, die Wundärzte und Ge=
burtshelfer ihre Theorie durch die Er=
fahrung, welche die Menge und Ver=
schiedenheit der hier vorkommenden Krank=
heiten an die Hand giebt, ausbilden mü=
ßten.

Nach der gegenwärtigen Lage der Um=
stände ist dieser Einwurf vollkommen
treffend, aber zugleich unwidersprechlich,
daß der Mangel von Krankenhäusern
auf dem Lande unter die bereits erkannten
Fehler *) der Polizey gehöre. Das Land=
volk verdient es so sehr, daß sich die Sorg=
falt der Regierung auf seine Wiederher=
stel=

*) Grundsätze der Polizeyhandl. u. s. w. 183
Satze.

stellung erstrecke , und wenn noch wenig
darauf gedacht ist, ihm solche durch Errich-
tung der Krankenhäuser zu erleichtern , so
sollte wenigstens bey einer solchen Versetzung der Universität damit der Anfang
gemacht, und unferne des Städtchens, welches dazu gewählt wird , ein Krankenhaus
mit aller Zugehör errichtet werden , welches , da es dem Landvolk im Umkreise zu
einem Zufluchtsort diente , zugleich den
Arzneystudirenden Gelegenheit an die Hand
geben würde, sich die nothwendigen Erfah-
gen zusammeln.

Es wird weniger Widerspruch finden,
daß es vortheilhaft sey, die Versorgungshäuser, Waisenhäuser und alle
solche Stiftungen aus der Hauptstadt zu
verweisen, und beynahe wird man mir mit
der Betrachtung entgegen gehen , es sey
diese

diese Ortsveränderung, nicht nur in Ab=
sicht der **Consummtionsverminderung**
nützlich, sondern auch darum , weil die
Versorgung der Armen, die endlich, auf
was für eine Art sie immer geschehen mö=
ge, auf den **Staat** zurück fällt, daselbst
in allen Rubriken weniger kostbar, die Lo=
kalstellung aber der Gesundheit alter und
gebrechlicher Leute, unendlich zuträglicher
ist. Ich kann ohne dabey länger zu ver=
weilen,

Zu den **Fabriken** übergehen , womit
vielleicht alle Hauptstädte überladen sind ,
ungeachtet so viele Schriftsteller so oft
wiederholet haben, daß eine Nation, die
ihren Fabriken den Sitz in Hauptstädten
anweist, gegen andre Nationen, welche ei=
nen solchen Fehler nicht begehen, den

Vor=

Vorzug im Zusammenfluß nie werde behaupten können. Es sind zwar nach der
Meynung mehr als eines Schriftstellers,
gewisse Fabriken, deren natürlicher Stand-
ort die größten Städte sind, nämlich die
Prachtfabriken, und dieses auch aus
der Ursache, weil die Städte der eigentliche Ort ihres Absatzes wären. Ich mei-
nes Orts bin mit dieser Meynung nicht
übereinstimmig. Wäre es nothwendig,
den Ort des Absatzes mit dem Orte der
Erzeugung zu vereinbaren, so müßten nicht
nur die Prachtfabriken, sondern auch die
der **Nothwendigkeit,** und aus eben dem
Grunde auch selbst die **landwirthschaftlichen** Erzeugnisse in die Hauptstadt gehören. Noch mehr, man nimmt die **Prachtwaaren,** entweder in Beziehung auf den
Nationalverbrauch, oder in Beziehung
auf

auf den ausländischen Handel; und
abermal, man hält sie in Beziehung auf
den Nationalverbrauch), entweder für
schädlich, oder für nützlich. Sieht man
sie als schädlich an, weil sie den Auf=
wand der Bürger vergrößern, so steigt
diese Schädlichkeit nach dem Maaße, nach
dem der Preis der Prachtwaaren durch
die Theurung der Hauptstädte steigen muß.
Sieht man sie als nützlich an, weil sie
die Beschäfftigungen vervielfältigen,
so wird ihr Absatz, und damit auch die
Beschäfftigung um so viel beschränket,
als, der Lokalumstände wegen, ihre Er=
zeugnisse vertheuret sind. Es ist unmög=
lich, daß die Kosten, die Waaren, in
die Stadt zu führen, gegen die, durch
ihre Stellung verursachte Preiserhöhung
gleich=

gleichmäßig werden. In Beziehung auf den **auswärtigen** Absatz hingegen, ist es eine zu bekannte Wahrheit, daß derselbe um so viel **beschränkter** ist, als die Waare, durch was immer für Umstände, im Preise **höher** steht.

Ohne also den Unterscheid zwischen **Pracht** und **Nothwendigkeitserzeugnissen** zu machen, würde es nützlich seyn, die **Manufakturen** und **Fabriken** auf das Land zu verlegen, wenigstens diejenigen, deren Zusammenhang **weitläuftige** Gebäude fodert, die einen **starken** Holzverbrauch haben, und eine große Menge **Arbeiter** unter sich begreifen, deren Verzehrung abermal dem Vorrathe der Bedürfnisse abgezogen werden muß.

Ich will diese Verminderung der Stadteinwohner unter einen Gesichtspunkt ver-

J   samm-

sammlen, um darüber mit mir selbst Rech=
nung zu ziehen, wie **groß** ungefähr der
Vortheil seyn dürfte, den ich davon ein=
sammle, und auf **welche Theile** er sich
vorzüglich **erstrecke.** Denn ich bescheide
mich selbst, daß es unmöglich ist, die all=
gemeine **Verzehrung** der **Hauptstäd=**
te, mit der Verzehrung des übrigen Lan=
des, **vollkommen gleich** zu machen. Wir
hätten also **Rechtende** und **Gnadenwer=**
ber, unbedienstete **Eigenthümer** der
Landgüter, mit ihrem Gefolge dem
Dienstgesinde, Klöster, Universitä=
ten, Versorgungshäuser, und **Fa=**
briken mit ihren Angehörigen an an=
dere Oerter verlegt; ich bin gewiß nicht
strenge, wenn ich diese verschiedenen **Sum=**
men als ein **Drittheil** der **Einwohner**
ansetze.   **Nach**

Nach den allgemeinen Regeln des Ver-
hältnisses des Preises, zu dem Zusammenflusse der Käufer, müßte also
der Preis aller Bedürfnisse um ein Drittheil fallen. Weil aber in Ansehen einiger, die Möglichkeit vorhanden, und
vielleicht auch zu erwarten ist, daß die
Zahl der Verkäufer, nach eben dem
Verhältnisse abnehme, als es ihrer Waare
an Absatz gebricht, so wird die Erniedri-
gung des Preises, bey einigen nur zufäl-
lig, bey andern aber nothwendig erfolgen.

Die zufällige Preiserniedrigung ist bey
den, auf den Markt gebrachten Nahrungs-
mitteln zu erwarten. Denn das Landvolk,
welches sich in einem gewissen Umkreise an
der Stadt befindet, hat nur den einzigen
Weg des Absatzes, der nunmehr bey der
verminderten Zahl der Verzehrenden nicht

mehr

mehr so vortheilhaft ist. Wäre es möglich, daß alle umliegenden Landleute unter
sich eine Verabredung pflegten, so würden
sich die Städter im Preise von ihnen dennoch müssen vorschreiben lassen. Aber
man sieht leicht die Unthunlichkeit einer solchen Verabredung ein. Ihr Vortheil wird
also in der Wiederholung des kleineren Ge-
winstes, das ist, in einem durch den
geringeren Preis veranlaßten mehreren
Absatze, bestehen.

Die **nothwendige** Preiserniedrigung
wird sich bey allem ereignen, wo die Zahl
der **Anbietenden**, oder welches eben dasselbe ist, die Menge der angebotenen Sachen nicht zu vermindern ist. Unter diesen sind
die **Wohnungen** eine der vorzüglichsten.
Da die Häuser einmal vorhanden sind,
und die Einwohner um ein Drittheil abge-

nom-

nommen haben, so ist nicht mehr das Be=
streben, eine Wohnung vor andern an sich
zu bringen, sondern das Bestreben seine
Wohnung vor andern zu vermiethen *)
vorhanden, welches den **Preis** der Mie=
the, nicht nur im Verhältnisse der vermin=
derten Einwohner, sondern weit unter
demselben erniedrigen wird, besonders,
wenn noch zur Nebenhülfe durch ein Ge=
setz die Zahl der Zimmer für die verschie=
denen **Klassen**, fest gesetzt, und dadurch
verhindert würde, daß eine so große Men=
ge derselben unbewohnt bleiben, die itzt
nur den verderbenden Pracht der Familien
vergrößern.

Diese Herabsetzung der Miethe ist
unendlich zuverläßiger, als die, welche
man von Erweiterung der Hauptstädte,

J 3   durch

---

*) Vom Zusammenfluß, S. 30. IV.

durch Erbauung neuer Häuſer erwarten
darf. Die Aufführung neuer Gebäude
wird nicht anders geſchehen, als wenn die
wirklich vorhandenen, ſeine Einwohner nicht
mehr faſſen können. Sie verringern alſo
das Verhältniß der alten Forderung nicht,
oder doch ſehr wenig, ſondern, ohne den
Miethpreis zu mindern, tragen ſie noch
mehr bey, den Preis der übrigen Bedürfniſſe zu erhöhen, weil ſie die Verzehrenden vermehren.

Der Preis des Holzes muß nach
nach eben dieſen Grundſätzen fallen, wenn
man nicht in Anſehung deſſelben von
Fremden, und zwar nur von einer einzigen Nation abhängt; denn, ob nun
gleich, wegen des geringeren Abſatzes,
auch weniger Holz zugeführet werden mag,
ſo werden doch wenigſtens die näheren Wälder der Verzehrung beſſer zureichen, mit-

hin

hin wird die Herabsetzung durch die Fracht
gewinnen, die bey gegenwärtiger Lage,
da man das Holz von weitem herbeyführt,
hauptsächlich den Preis so hoch erhält.
Die entfernten Wälder hingegen, die oft
ganz unbenützt waren, weil das Holz we=
gen der großen Entlegenheit nicht nach der
Hauptstadt gebracht werden konnte, werden
zur **besser vertheilten Holzverzehrung**
das ihrige beytragen, und es ist leicht einzu=
sehen, daß die Herstellung unsrer Wälder
nur von einer solchen Lokalwirthschaft zu
erwarten, oder nimmermehr zu hoffen sey.

Nunmehr wird es auch der Polizey mög=
lich seyn, denjenigen Gewerben, die **Le=**
bensmittel feil haben, geringere **Taxen**
zu setzen, weil das, was den größten Theil
der Taxen ausmachte, in zwoen Hauptru=
briken so sehr verringert worden, und weil
es natürlich ist, daß die **Summe** kleiner
wird,

wird, so bald **eine** Zahl von denen ab=
nimmt, aus der sie zusammgesetzt ist.

Endlich wird die Wohlfeilheit ihre Fol=
gen auf die nämliche Art von Zweige zu
Zweige verbreiten, wie die Theurung vorher
die ihrigen empfinden ließ.

Es sey mir erlaubt, das Mittel, wel=
ches ich zur Verminderung der Theurung
angerathen, gegen die anderen zusamm=
zuhalten ; ich glaube darunter diesen Un=
terscheid zu bemerken; jene schränken die
Verzehrung ein, ich vertheile sie ; jene
wollen Menschen behalten, und sie von
Begierden **trennen**, welches unmöglich
ist ; ich suche es dahin zu bringen, daß
die Befriedigung der Begierden für
das allgemeine Wohl **unschäd=**
lich werde.